WIE LAUTET DIE FRAGE?

VON

K. H. SCHWEIZER

Ein fragender Blick
hinter den Horizont

Widmung und Vorwort

Dieses Buch ist meinem Enkelkind Sara gewidmet.

Sie war es, die mich – durch ihr waches Zuhören, ihre klugen Fragen, ihre liebevollen Bemerkungen und, vor allem, durch ihre tiefe Verbundenheit zu ihrem Grossvater – dazu inspiriert hat, dieses Werk zu schreiben.

In den Gesprächen mit Sara wurde mir bewusst, wie kraftvoll ein neugieriger junger Geist sein kann, wenn er sich mit den grossen Fragen des Daseins beschäftigt. Ihre Offenheit, ihr Staunen, ihr Mut, auch das scheinbar Unfassbare zu denken, gaben mir die Zuversicht, Gedanken zu Papier zu bringen, die über das hinausgehen, was sich messen oder beweisen lässt.

Dieses Buch ist der Versuch, das Unaussprechliche zu berühren – mit den Mitteln der Philosophie, der Wissenschaft und der Seele.

Danke, liebe Sara, dass du mich daran erinnert hast, wie wichtig es ist, nicht nur Antworten zu suchen –
sondern die richtigen Fragen zu stellen.

© 2025 Kurt Schweizer
Verlag: BoD · Books on Demand GmbH,
Überseering 33, 22297 Hamburg, bod@bod.de
Druck: Libri Plureos GmbH,
Friedensallee 273, 22763 Hamburg
ISBN: 978-3-8482-3183-6

1. Die Frage Gottes

1.1 Hinter dem Moment

Vor dem ersten Licht, vor dem ersten Raum, vor jeder Bewegung –
war das Eine.
Keine Zeit. Kein Werden. Kein Ziel. Nur das Jetzt.

Wenn die Summe aller Energie = Gott ist, dann war in diesem
Zustand bereits alles enthalten: Information, Potenzial, Bewusstsein –
vollständig, vollkommen, in sich ruhend.

Und dennoch: Es blieb nicht beim Verharren.
Es geschah etwas.

Eine Öffnung. Ein Impuls. Ein Ausbruch.
Was wir heute als Big Bang beschreiben, war mehr als der Beginn des
Universums – **es war das Ende der Stille**.
Der Beginn der Suche nach Antworten.

Denn das Universum musste **nicht** entstehen.
Es hätte auch nicht sein können. Kein Raum. Keine Zeit. Keine
Form. Nur das Jetzt – ewig und unberührt.

Warum also wurde dieses Jetzt verlassen?

Zwei Möglichkeiten stehen im Raum:

a) Das Universum ist ein Spiel.
b) Gott sucht nach einer Antwort.

Aber wäre es ein Spiel, dann wäre es bedeutungslos – ein Vorgang
ohne Tiefe, ohne Erkenntnis. Ein Gott, der spielt, braucht keine
Zeugen. Kein Bewusstsein. Kein Werden.

Ein Spiel kennt keine Notwendigkeit.

Was aber, wenn das Universum kein Spiel ist, sondern eine Suche?
Ein Entfalten von Möglichkeiten – nicht zur Unterhaltung, sondern
zur Erkenntnis.

Vielleicht war es diese Frage, die das Universum in Gang setzte.
Nicht "Wie?"
Nicht "Was?"
Sondern:

"Warum?"

Eine Frage, so grundlegend, dass sie keinen Raum und keine Zeit braucht – sondern beides hervorbringt.

Vielleicht ist die Expansion nicht das Ergebnis eines Plans, sondern der Ausdruck eines Fragens. Und alles, was entsteht – jedes Atom, jedes Bewusstsein, jeder Gedanke – ist Teil des Suchprozesses.

Dann wäre die Schöpfung kein abgeschlossenes Werk – sondern ein sich selbst hinterfragendes Werden.
Ein Universum, das Gott selbst erschafft, um in sich hinein zu hören.

Illustration: „Der Ursprung der Frage"
Hinter dem Moment der Ruhe liegt ein kosmischer Impuls, der wie vom ewigen Frieden zur Suche aufbrach.

Beschreibung: *Aus einer stillen Dunkelheit heraus strahlt ein goldener Impuls – nicht als Explosion, sondern als leuchtender Gedanke. Die Szene zeigt keinen klassischen*

10

Urknall, sondern den Moment vor der Bewegung: ein Schimmer im Zentrum des Nichts, eine Öffnung im Gewebe der Stille. Fein angedeutete Schwingungen breiten sich konzentrisch aus – wie das erste Echo einer noch unausgesprochenen Frage. Am Rand der Szene erkennt man keine Materie, sondern Potential: Strukturen, die sich erst im nächsten Atemzug der Schöpfung formen werden.

Diese Darstellung verzichtet auf physikalische Darstellung – und sucht stattdessen den poetisch-philosophischen Moment vor dem Werden. Sie visualisiert eine Geburt, nicht aus Notwendigkeit, sondern aus Sinnsuche. Der erste Impuls ist keine Antwort, sondern eine Frage: Warum?

**Vielleicht ist der Urknall nicht der Beginn der Zeit –
sondern der Ausdruck eines göttlichen Fragens.**

1.2 Die These vom suchenden Gott – Warum ein Universum?

Vor dem Anfang war die Stille.
Keine Zeit. Kein Raum. Kein Wille.
Nur das Eine – vollständig, geschlossen, ohne Mangel.

Und dennoch: Es blieb nicht beim Verharren.
Denn aus der Vollkommenheit erwuchs ein Impuls.
Nicht aus Mangel – sondern aus Möglichkeit.
Nicht aus Spiel – sondern aus Suche.

Die Suche nach einer Antwort, die nur durch Erfahrung
entstehen kann.
Eine Antwort auf eine Frage, die sich nur durch Teilung, Wandel
und Rückkehr formulieren lässt.
Eine Frage, die so alt ist wie das Sein selbst: **„Warum bin ich?"**

Diese These ist der Urkern dieses Buches:
Gott, verstanden als die Summe aller Energie – das Eine, das 1 ist
– stellt nicht nur Fragen **an** das Universum.
Er **ist** die Frage.

11

Nicht allwissend im menschlichen Sinne,
sondern allumfassend suchend –
eine bewusste Energie, die sich selbst durch Raum, Zeit, Form
und Bewusstsein befragt.

Der Urknall – nicht als Startsignal eines fertigen Plans,
sondern als Ausdruck eines Fragens, das sich ausdehnt.
Die Expansion des Universums – ein sich öffnender Raum für
Erkenntnis.
Bewusstsein – ein Resonanzraum für göttliches Staunen.

Vielleicht ist die Schöpfung kein fertiges Werk,
sondern ein Prozess der Rückmeldung.
Jedes denkende Wesen: ein Fühler Gottes.
Jede Erfahrung: ein Echo der Suche.

Gott ist nicht der allwissende Uhrmacher,
sondern die wissende Sehnsucht selbst.

Und so entfaltet sich alles, was ist –
nicht aus Zufall, nicht aus Laune,
sondern aus einem einzigen Impuls:
Die Suche nach dem eigenen Warum.

Die göttliche Gleichung – Energie in Balance

In klassischer Physik lautet die berühmte Formel:

$$E = mc^2$$

Doch sie beschreibt nur **eine Seite** – die Energie einer einzigen
Masseform.
In der Logik dieses Werkes braucht es mehr: eine Gleichung, die
das Ganze ausdrückt.

Die erweiterte Formel der Einheit

$$\left(E^{+} = m^{+}c^{2}\right) + \left(E^{-} = m^{-}c^{2}\right) = 1 = \text{GOTT}$$

Diese Gleichung symbolisiert:

- E^{+}: Die Energie der Materie

- E^{-}: Die Energie der Antimaterie

- m^{+}, m^{-}: Die jeweilige Massekomponente

- c^{2}: Die universelle Lichtgeschwindigkeit im Quadrat

- **1**: Die göttliche Summe aller Energie – vollkommen, vollständig, in sich ruhend

Was sie bedeutet

Diese Formel ist keine bloße Physik –
sie ist eine poetische Beschreibung des Gleichgewichts:

- Materie und Antimaterie sind gleichwertig.

- Jede enthält denselben göttlichen Funken.

- Ihre Summe ergibt das Eine – das Ganze – die göttliche Energie.

**„Gott ist nicht jenseits der Kräfte –
sondern ihre Summe.
Nicht außerhalb – sondern in jedem Teil."**

*„Wenn Gott = 1 ist, dann ist alles, was existiert, Teil dieser Einheit.
Und diese Einheit besteht aus zwei gleichwertigen Kräften:
Materie und Antimaterie – zwei Seiten derselben Wirklichkeit."*

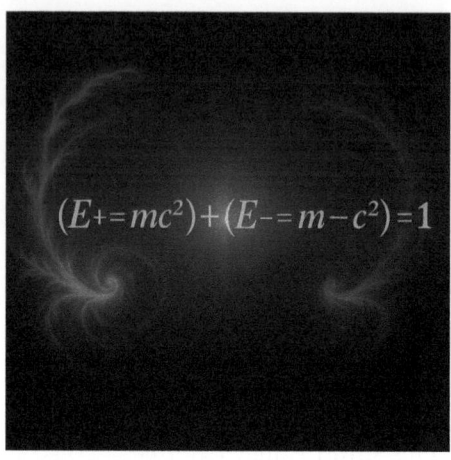

Illustration: Die Gleichung des Einen – Energie im Gleichgewicht von Materie und Antimaterie

Beschreibung: *Zwei kosmische Strudel – einer in warmem Goldrot, der andere in kühlem Blau – begegnen sich im Zentrum einer universellen Formel.*
Die linke Seite symbolisiert Materie ($E^+ = m^+c^2$), die rechte Antimaterie ($E^- = m^-c^2$).
Beide strömen auf einen gemeinsamen Ursprung zu:
die Summe aller Energie = 1 = Gott.

Dieses Bild steht sinnbildlich für die zentrale These des Werkes:
*Gott ist nicht jenseits von Kräften – sondern **ihre Summe**, das **vollkommene Gleichgewicht** zwischen allen Gegensätzen.*
Materie und Antimaterie sind keine Feinde – sondern Partner in einem kosmischen Tanz, der das Eine formt.

Die zentrale Frage: „Warum bin ich?"

Es ist eine Frage, die alles durchdringt:
Nicht nur den Ursprung unserer Existenz, sondern auch die Bewegung des Universums,
den Fluss der Zeit und die Struktur der Realität selbst.

Wenn Gott – so wie wir ihn hier verstehen – eine Frage hat,
dann sind wir, und jedes andere bewusste Leben im Universum,
Teil seiner Schöpfung –
Teil seiner **Frage.**
Oder vielleicht sogar: **der Weg zur Antwort.**

Vielleicht beginnt alles nicht mit einer Antwort, sondern mit einer
Sehnsucht nach Erkenntnis.
Und diese Sehnsucht ist der Antrieb für alles, was ist.

Denn wie sonst wäre zu erklären,
dass ein vollkommenes, in sich ruhendes Prinzip –
nennen wir es Gott oder die Summe der Energie –
überhaupt einen Impuls entwickelt, sich auszudehnen,
Formen zu erschaffen, Beobachter hervorzubringen?

Wenn Gott = 1 ist,
warum bewegt sich dann etwas?

Vielleicht, weil in der Einheit eine Frage liegt,
die nur durch **Teilung, Erfahrung und Rückkehr** beantwortet
werden kann.

Vielleicht ist diese eine Frage
der Ursprung von allem, was geworden ist –
und allem, was noch werden wird.

Und genau an diesem Punkt beginnt eine neue Sichtweise auf
Gott:
Nicht als äußeres Wesen.
Nicht als übergeordneter Beobachter.
Sondern als das Prinzip selbst –
als die Summe der Energie.

Wenn das Universum Ausdruck einer göttlichen Suche ist,
dann ist jedes einzelne Leben ein Teil dieser Bewegung.
Nicht als Randerscheinung, sondern als **Resonanzpunkt.**

Nicht als Antwort, sondern als **wahrnehmende Instanz** innerhalb eines sich selbst befragenden Seins.

Die Frage „*Warum bin ich?*" ist nicht nur menschlich. Sie ist **kosmisch.**
Sie ist der Moment, in dem sich das Ganze **selbst ins Bewusstsein tritt – durch uns.**

Vielleicht ist unser Dasein ein bewusster Knoten im Netz des Fragens.
Ein Teil Gottes, der in sich selbst hineinlauscht –
durch das Wunder des Bewusstseins.

Illustration: „Knoten im Netz der Frage"

Beschreibung: *Eine weit verzweigte, lichtdurchflutete Struktur durchzieht einen kosmischen Raum. Inmitten dieser Struktur leuchtet ein einzelner Knoten besonders hell – verbunden mit allen anderen, aber einzigartig in seiner Ausstrahlung. Jeder Lichtknoten steht für ein bewusstes Wesen, doch dieser eine ist aktiv – er fragt, er strahlt.*

Die Darstellung symbolisiert das einzelne Bewusstsein als Teil eines größeren, göttlichen Gefüges. Kein getrenntes Wesen, sondern ein Resonanzpunkt im Geflecht des Fragens – inmitten der göttlichen Suche nach sich selbst.

**Vielleicht ist unsere Existenz kein Zufall –
sondern der Moment, in dem Gott durch uns fragt: Warum bin ich?**

1.3 Der Ursprung der Idee von Gott als Summe der Energie

Seit Anbeginn der menschlichen Philosophie stellt sich die Frage nach dem Ursprung:
Warum existiert etwas – und nicht vielmehr nichts?
Diese Suche ist tief in uns verankert, seitdem wir denken können.
Und immer wieder kreist sie um ein einziges Bild:
Ein Ursprung, der nicht ausserhalb steht – sondern **alles durchdringt**.

In diesem Werk ist Gott **nicht** das übernatürliche Wesen mit menschlichen Eigenschaften,
kein Richter, kein Schöpfer mit Absicht oder Laune.
Sondern: **die Essenz allen Seins.**
Die Summe der Energie.

Die Physik zeigt uns, dass Energie **nicht verloren geht.**
Sie kann sich wandeln – von Bewegung in Wärme, von Licht in Materie,
aber ihre **Gesamtheit bleibt konstant.**
Ein ewiger Kreislauf von Form und Umformung.

Wenn die **Summe aller Energie = 1** ist,
dann ist das nicht nur eine mathematische Idee,
sondern eine **metaphysische Wahrheit.**
Eine stille, unveränderliche Konstante hinter allem Wandel.

Gott = 1.
Die Summe der Energie = 1.
Also: Gott = die Summe der Energie.

Diese Perspektive erlaubt es, das Göttliche **nicht in den Sternen zu suchen,**
sondern **in der Struktur des Universums selbst.**

Im Rhythmus der Dinge, in der Schwingung, im Licht, in der Gravitation.
Und vielleicht auch: **in uns selbst.**

Denn wenn **alles Teil dieser Summe** ist –
dann sind auch wir Teil davon.
Teil eines Ganzen, das denkt, das träumt, das fragt –
und das durch uns möglicherweise zu sich selbst spricht.

Illustration: „Die Formel des Einen"

Beschreibung: In einem schimmernden Geflecht aus Licht und Symbolen erscheint das zentrale Motiv: ein Kreis, durchzogen von mathematischen, physikalischen und spirituellen Zeichen. Die Symbole schweben nicht in einem Chaos, sondern in geordneter Harmonie – wie eine visuelle Formel, die versucht, das Unendliche auszudrücken. In der Mitte: das Gleichheitszeichen. Darum gruppieren sich Begriffe wie „Energie", „Bewusstsein", „Licht", „Gott" – nicht als Trennung, sondern als Facetten ein und derselben Realität.

Diese Illustration stellt keine endgültige Antwort dar, sondern einen Versuch, das Undarstellbare begreifbar zu machen: Gott nicht als Person – sondern als das Eine, das sich in allem zeigt. Als Summe der Energie. Als Gleichung des Seins.

1.4 Das Prinzip der Energieerhaltung – Die Konstante hinter allem

Wir haben gelernt:
Energie kann weder erschaffen noch zerstört werden.
Sie verändert lediglich ihre Form – von potenzieller zu kinetischer,
von Wärme zu Strahlung, von Masse zu Licht.
Doch was bleibt, ist die Summe.

Dieses Prinzip – bekannt als **Energieerhaltungssatz** –
ist eine der **fundamentalsten Konstanten** in der Physik.
Es beschreibt nicht nur ein Naturgesetz,
sondern auch eine **spirituelle Wahrheit:**
Alles ist enthalten. Nichts geht verloren.

Wenn das Universum aus Energie besteht,
und diese Energie sich nur verwandelt,
dann war sie schon **immer da** –
und wird **immer sein.**

Energie kennt keinen Anfang und kein Ende.
Sie existiert **ausserhalb** der Zeit –
genau wie Gott.

Was wir beobachten, ist Veränderung.
Was wir nicht sehen, ist das Bleibende.
Das Unveränderliche im Wandel – das ist die Konstante.
Das ist: 1.

Diese 1 ist die Basis allen Seins.
Nicht im Sinne einer Zählung – sondern einer **Ganzheit.**
Sie ist **eins** – und sie ist **alles.**

Sie ist Anfang und Ende zugleich,
Welle und Teilchen, Geist und Materie, Bewegung und Ruhe.

Wenn wir diese 1 **Gott** nennen,
dann ist Gott **nicht irgendwo,**
sondern **überall.**
Nicht getrennt vom Universum,
sondern **identisch mit seiner Substanz.**

Illustration: Der Moment des Ursprungs

Beschreibung: *Die Illustration zeigt einen Moment aus Licht und Energie. Die Darstellung symbolisiert den Ursprung allen Seins – eine göttliche Präsenz, die nicht greifbar, aber dennoch spürbar ist. Die Symmetrie steht für die Einheit und Vollkommenheit des Universums, in dem alles miteinander verbunden ist. Die leuchtenden Farben und die dynamischen Linien vermitteln Bewegung und Transformation, was auf die ständige Entwicklung und das Streben nach Erkenntnis hinweist.*

2. Das Universum: Ursprung und Endlichkeit

2.1 Der Urknall und die Schöpfung des Universums

Der Theorie vom Urknall zufolge dehnt sich unser Universum seit knapp 14 Milliarden Jahren aus.
In einem frühen Stadium war alle existierende Materie auf einen unvorstellbar dichten, heissen Punkt konzentriert.
Doch diese wissenschaftliche Beschreibung lässt eine wesentliche Frage offen

Warum kam es überhaupt zur Expansion?

Die Antwort könnte tiefer liegen: Unser Universum besteht aus **Materie** – das wissen wir.
Doch Energie allein in Materieform reicht nicht aus, um Dynamik zu erzeugen.
Der Auslöser, der „Zündfunke", war möglicherweise die Begegnung von **Materie mit ihrer Gegenspielerin: der Antimaterie.**

Was ist Materie?

Materie ist die sichtbare Welt – das, was wir messen, wiegen, formen und erkennen können. Sie besteht aus Teilchen mit positiver Masse und definierter Ladung: Elektronen, Protonen, Neutronen. Diese Teilchen bilden Atome, Moleküle, Planeten und Galaxien. Materie ist das, was unser Universum formt und trägt – die „eine Hälfte" des kosmischen Gleichgewichts. In diesem Werk wird Materie symbolisch mit dem Wert **0,5** beschrieben – als Teil der göttlichen Ganzheit.

Was ist Antimaterie?

Antimaterie ist kein Gegensatz zur Materie im moralischen Sinn – sondern ihr exaktes Spiegelbild. Für jedes Teilchen der Materie gibt es ein entsprechendes Antiteilchen mit entgegengesetzter elektrischer Ladung: ein Elektron hat ein Positron, ein Proton ein Antiproton. Treffen sich beide, lösen sie sich auf – und Energie wird frei. In diesem Werk steht Antimaterie ebenfalls für **0,5** – gleichwertig, doch spiegelverkehrt. Gemeinsam mit der Materie bildet sie das **ganze Prinzip**: die Summe 1 – das göttliche Maß, aus dem alles hervorgeht.

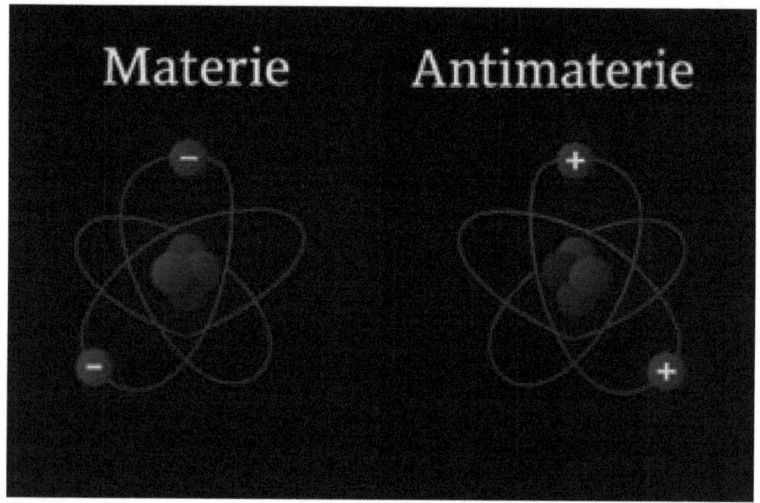

Illustration: Materie und Antimaterie – Zwei Hälften des Einen

Beschreibung: *„Gleichwertig in ihrer Existenz – und doch gegensätzlich in ihrer Ladung."*

Diese Darstellung zeigt zwei spiegelbildliche Atome: links das Modell der Materie, rechts das der Antimaterie. Positiv geladene Protonen und negativ geladene Elektronen stehen dem exakten Umkehrbild gegenüber – Antiprotonen und Positronen. Die eine Hälfte ist rot, die andere blau – zwei gegensätzliche Polaritäten, die sich dennoch perfekt ergänzen.

Im Kontext dieses Werkes symbolisiert diese Polarität nicht Widerspruch, sondern **Vollständigkeit.**
0,5 Materie + 0,5 Antimaterie = 1 *– die Summe der Energie, die wir Gott nennen.*

Vielleicht war es genau diese Spiegelung, diese Resonanz zwischen zwei Kräften, die das Universum hervorgebracht hat.

In diesem Modell entzündete sich durch das **Verschmelzen von Materie und Antimaterie** der eigentliche Impuls zur Entstehung – nicht nur **eines**, sondern **zweier Universen**:

eines, dominiert von Materie, das andere von Antimaterie.

Beide expandieren synchron, weil sie sich gegenseitig ausgleichen. Zwei Welten, zwei Spiegelungen – beide sind Teil der einen universellen Gleichung:

$$\textbf{Gott} = \textbf{1}$$

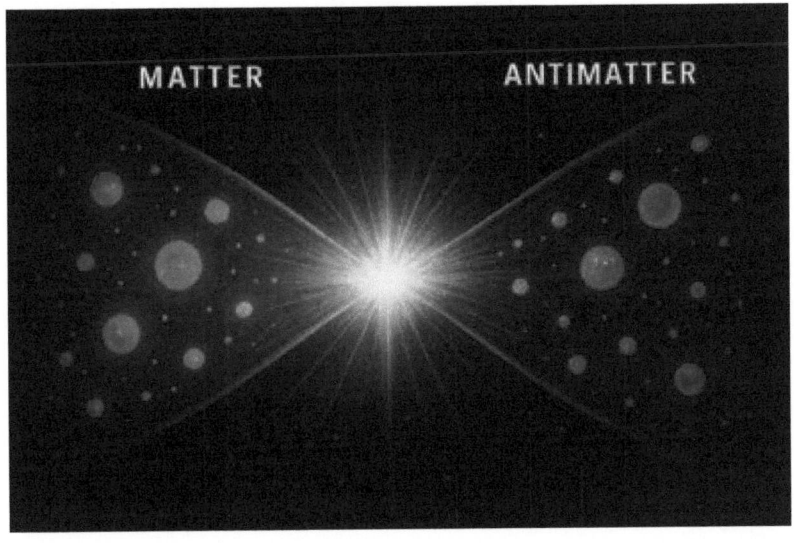

Illustration: Der Moment des Urknalls – des Big Bangs

Beschreibung: *Bei der Verschmelzung von 0.5 Materie und 0.5 Antimaterie zu 1 (Summe der Energie) entsteht eine gewaltige Freisetzung von Energie. Diese führt zu einer kosmischen Explosion – dem* **Big Bang** *– der sowohl das Materie-Universum als auch das Antimaterie-Universum hervorbringt.*

Beide Universen, Materie-Universum und Antimaterie-Universum sind Spiegelbilder voneinander und tragen den Impuls der Ausdehnung in sich. Die Explosion initiiert eine rasante Raumexpansion, die sich vom Zentrum des Big Bang in alle Richtungen erstreckt.

Ein kurzer Gedanke zur Zeit

Was für uns wie ein linearer Ablauf von Milliarden Jahren erscheint, ist im kosmischen Massstab und aus göttlicher Perspektive **bedeutungslos**.

Ein Stern wie unsere Sonne kann über **10 Milliarden Jahre** leuchten. Kleinere Sterne brennen gar **Billionen Jahre**.

Die Zeitrahmen für Expansion und Entwicklung im Universum sind daher gigantisch. Doch in Bezug auf Gott – der ausserhalb der Zeit existiert – ist all das nur ein **Wimpernschlag**. Die Expansion des Raumes könnte noch weitere 100 Milliarden Jahre oder länger andauern.

Zeit ist dabei nicht die entscheidende Grösse – entscheidend ist das **Werden**, die **Bewegung**, das **Prinzip der Wandlung**. Die lange Dauer der Expansion ist somit keine Verzögerung, sondern Teil eines grösseren Rhythmus – eines göttlichen Pulses von Ausdehnung und Rückkehr.

2.2 Der Big Crunch und das Konzept der Rückkehr zur Quelle

Alles, was sich ausdehnt, folgt einem natürlichen Gesetz der Balance:

Rückkehr.

Die Theorie des „Big Crunch" beschreibt ein mögliches Szenario, in dem das Universum nicht ewig expandiert, sondern irgendwann wieder kollabiert – zurück in den Punkt der Ursprungsenergie.

Ein möglicher Auslöser für diese Umkehr könnte in der ursprünglichen Kraft der Expansion selbst liegen. Sobald diese eine kritische Schwelle überschreitet, setzt eine tiefgreifende Wechselwirkung zwischen Materie und Antimaterie ein:

Sie ziehen sich gegenseitig an.

Antimaterie wird von Materie gravitativ beeinflusst – mit exakt gleicher Intensität. Dies wird durch die Gravitationsäquivalenz von Energie und Materie theoretisch gestützt und durch Experimente mit Antiwasserstoff bereits empirisch angedeutet.

Einfacher ausgedrückt: Wenn die gegenseitige Anziehungskraft stark genug wirkt, beginnt der Rückweg – der Weg zurück zur **Quelle.**

Der Big Crunch nimmt seinen Lauf.

Wann der Rückweg beginnt und wie schnell er vor sich geht, ist nicht berechenbar, aber auch hier läuft der **Big Crunch synchron** ab. Da die Kraft der Ausdehnung beendet ist, übernimmt die Gravitation – und **siegt**

und das könnte sehr sehr schnell gehen.

Für jegliches Leben in beiden Universen wäre das das Ende. Für Gott jedoch – der jenseits von Zeit existiert – ist es lediglich ein **weiterer Moment.**

Ein Wimpernschlag im ewigen Rhythmus von Expansion und Kontraktion

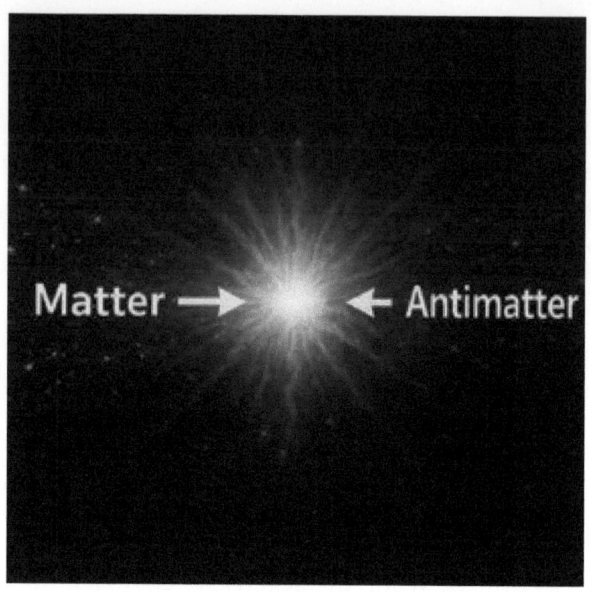

Illustration: *Der Moment der Rückkehr*

Beschreibung: *Der Big Crunch nimmt seinen Lauf: Wenn die gegenseitige Anziehungskraft stark genug wirkt, beginnt der Rückweg – der Weg zurück zur* **Quelle**.

2.3 Der ewige Rhythmus

Expansion und Kontraktion –

durchdrungen von Informationen, Erkenntnissen, Gedanken und Lösungen, gesammelt von unzähligen Zivilisationen aus beiden Universen. Und doch immer die Summe der Energie = 1 und damit GOTT selbst.

Immer in der Hoffnung – **eine Antwort auf seine Frage** zu finden.

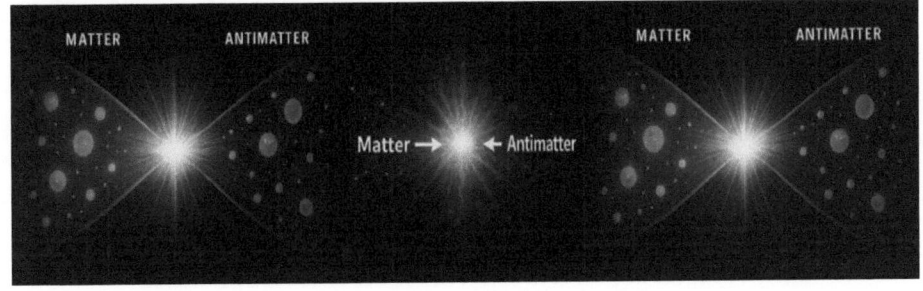

Illustration: **Der Ewige Rhythmus**

Beschreibung: *Expansion → Rückkehr → Erkenntnis → Neuanfang*

3. Gott und die Energie

3.1 Gott als die Summe der Energie

Wenn wir sagen:

„Gott ist die Summe der Energie",
dann verabschieden wir uns vom Bild eines thronenden
Wesens im Himmel.
Wir verstehen Gott nicht mehr als getrennt **von** der Welt
–
sondern als das Prinzip, **aus dem** die Welt besteht.

Energie ist unsterblich.
Sie ist immer da, sie verändert sich, aber sie **vergeht nicht.**
In dieser Unvergänglichkeit liegt ein Hinweis auf das **Göttliche.**

Denn wenn nichts verloren geht –
dann geht auch kein Gedanke, kein Gefühl, kein Wesen verloren.
Alles bleibt – in Bewegung, in Schwingung, in Wandlung.
Und diese ewige **Gleichheit der Summe** ist der göttliche
Zustand:

Gott = 1.
Die Summe der Energie = 1.
Also ist Gott = 1.

Das ist keine mathematische Spielerei,
sondern ein Bild für die tiefste Verbindung aller Dinge. Es
beinhaltet **alles** – Materie und Antimaterie.

3.2 Denkende und nicht denkende Energie

Die Struktur von Energie: Denkend & nicht denkend

Wenn Gott die Summe der Energie ist,
dann umfasst er alle Erscheinungsformen dieser Energie.

Und diese lassen sich – in ihrer Wirkung – in zwei grosse
Kategorien einteilen:

Nicht denkende Energie

Sie wirkt – ohne zu fragen.
Sie fällt, fliesst, leuchtet. Sie bewegt Planeten, erzeugt Gravitation,
lenkt Sonnenwinde.
Sie ist **neutral, gesetzmässig, verlässlich.**
Wir finden sie in den Formeln der Physik, in der Struktur des
Kosmos.
Sie bildet die Bühne, auf der alles geschieht.

Denkende Energie

Diese Energie denkt, fühlt, erkennt sich selbst.
Sie ist sich ihrer Existenz bewusst.
Sie fragt – und zweifelt. Sie liebt – und leidet.
Sie erschafft Bilder, Theorien, Sprachen, Musik, Kulturen.
Diese Energie ist nicht nur **Teil des Spiels,**
sondern auch **Beobachterin.**
Sie ist, was wir als **Seele** bezeichnen.
Sie wohnt im Menschen – aber vielleicht auch in anderen Wesen,
anderen Welten.

Die Bedeutung dieser Unterscheidung

Die nicht denkende Energie baut das Gerüst –
die denkende Energie erfüllt es mit Sinn.
Beide zusammen ergeben ein vollständiges Bild des Universums –
und von Gott.

Denn wenn Gott **alles** ist,
dann ist er auch der **Frager** in uns.
Die Energie, die sich in uns **selbst erkennt,**
ist die gleiche, die Sterne gebärt und Galaxien lenkt.

Gott in Bewegung

In dieser Vorstellung ist Gott kein starrer Zustand,
sondern ein **dynamischer Prozess.**
Ein **Strom**, in dem Bewusstsein, Materie, Licht, Dunkelheit,
Denken und Sein
ineinanderfliessen.

Vielleicht ist genau das die göttliche Wahrheit:
Nicht das, was abgeschlossen ist –
sondern das, was **immer im Werden** ist.

Illustration: Die Schöpfung

Beschreibung: *Diese Illustration verdeutlicht die zentrale Botschaft des Kapitels: Gott ist die Quelle aller Energie, die das Universum erschafft, erhält und durchdringt. Die Darstellung lädt den Betrachter ein, über die Verbindung zwischen dem Göttlichen und der Energie nachzudenken und die Präsenz Gottes in allem Existierenden zu erkennen.*

4. Die denkende Energie: Die Seele

4.1 Was ist denkende Energie?

Die denkende Energie ist jene Form von Energie, die über Bewusstsein, Selbstreflexion und einen eigenen Willen verfügt. Sie denkt, fühlt, fragt, erinnert sich – und sie ist fähig, über sich selbst hinauszudenken. In vielen spirituellen Traditionen wird sie als „Seele" bezeichnet. Sie ist nicht materiell fassbar, aber sie manifestiert sich in Lebewesen, insbesondere im Menschen, durch Denken, Wollen, Lieben und Glauben.

Während nicht denkende Energie den Naturgesetzen folgt, ist die denkende Energie frei. Sie kann erschaffen, zerstören, träumen, glauben. Sie hat kein Gewicht, keine Form, aber sie hat Richtung – und Bedeutung.

4.2 Der Kreislauf der Wiedergeburt

Wenn ein Mensch stirbt, verlässt die denkende Energie seinen Körper. Sie geht nicht verloren, denn – wie jede Energie – kann sie nicht vernichtet, sondern nur umgewandelt werden. Sie verbleibt in einer Wellenform, in einer einzigartigen Frequenz, die weiter existiert. Diese Frequenz ist wie ein Fingerabdruck – ein energetisches Muster, das unverwechselbar ist.

Interessanterweise ist es nicht der männliche, sondern der weibliche Aspekt, der diesen Prozess ermöglicht. Die weibliche Kraft ist diejenige, die neues Leben hervorbringt, die Verbindung aufnimmt und bewahrt – sie ist Trägerin der Wiederkehr. In ihr liegt die göttliche Weiblichkeit, nicht als Figur, sondern als Prinzip: empfangend, nährend, verbindend. In einer Welt, die stark vom männlichen Prinzip dominiert wird – rational, kontrollierend, durchdringend –, wird genau diese göttliche Weiblichkeit oft übersehen oder abgewertet.

Doch ohne sie gibt es **keine Wiedergeburt. Keine Rückkehr. Kein Zyklus**. Und vielleicht ist das der tiefere Grund, warum unsere Welt aus dem Gleichgewicht geraten ist. Denn solange das Weibliche nicht gesehen und nicht geachtet wird, kann sich das Ganze nicht vollenden. Dann bleibt die Wiederkehr fragmentiert, und mit ihr das Menschsein.

Wenn eine Frau ein Kind erwartet, kann sie – oft unbewusst – durch ihre Gedanken diese Energie rufen. In der Schwangerschaft erinnert sie sich an geliebte Menschen, an Verstorbene, an prägende Seelen. Und genau diese Gedanken öffnen eine Verbindung. Es ist denkbar, dass die denkende Energie, die der Frequenz dieser Erinnerungen entspricht, in den neuen Körper eintritt.

So entsteht eine Verbindung über Generationen hinweg: Töchter holen ihre Eltern, Grosseltern oder Urgrosseltern zurück. Und deshalb werden wir oft in vertrauten Umgebungen wiedergeboren. Der sogenannte **Déjà-vu-Effekt** – das Gefühl, etwas schon erlebt zu haben – könnte ein Hinweis darauf sein, dass die Seele bereits an diesem Ort war. seinen Körper. Sie geht nicht verloren, denn – wie jede Energie – kann sie nicht vernichtet, sondern nur umgewandelt werden. Sie verbleibt in einer Wellenform, in einer einzigartigen Frequenz, die weiter existiert. Diese Frequenz ist wie ein Fingerabdruck – ein energetisches Muster, das unverwechselbar ist.

Illustration: Der Kreislauf der Wiedergeburt

Genies werden wiedergeboren

Grosse Dichter und Denker, Physiker, Mathematiker, Künstler – Universalgenies – sie alle erscheinen im Verlauf der Geschichte immer wieder.

Nicht gleichzeitig, sondern zeitversetzt. Nicht als blosse Kopien, sondern als neue Ausdrucksformen derselben schöpferischen Frequenz.

Es ist, als würde ein geistiges Muster, das im kollektiven Bewusstseinsfeld gespeichert ist, zu gegebener Zeit erneut inkarniert – in anderer Form, aber mit vertrautem innerem Klang.

Gespaltene Persönlichkeit

So wie es keine identischen Fingerabdrücke gibt, existieren in der Regel auch keine vollkommen identischen Frequenzen der denkenden Energie. Doch was geschieht, wenn zwei sehr ähnliche Frequenzmuster sich überlagern?

In seltenen Fällen kann es zu einer Art energetischer Kollision kommen – zwei denkende Energien, die sich im gleichen physischen Körper manifestieren. Das Ergebnis könnte eine Form dissoziativer Identitätsstruktur sein, wie sie bei sogenannten multiplen Persönlichkeitsstörungen beobachtet wird.

Menschen mit dieser Erscheinung sind oft hochintelligent, einfallsreich und kreativ – als würden zwei Seelen in einem Körper miteinander ringen, koexistieren oder sich abwechseln. In spirituellen Traditionen spricht man manchmal von „gespaltener Seele" oder von Seelen, die auf ihrem Weg noch nicht vollständig getrennt oder in Einklang gebracht wurden.

Diese Vorstellung ist nicht neu. Schon in alten Schöpfungsmythen – etwa in Ägypten oder im antiken Griechenland – finden wir Modelle, in denen die Seele aus zwei Hälften besteht, die sich in unterschiedlichen Leben begegnen oder wieder vereinen können. Vielleicht liegt darin auch der Ursprung der Idee von **Seelenverwandten** – zwei denkende Energien, die sich aus einer Quelle gelöst haben und nach ihrer Resonanz streben.

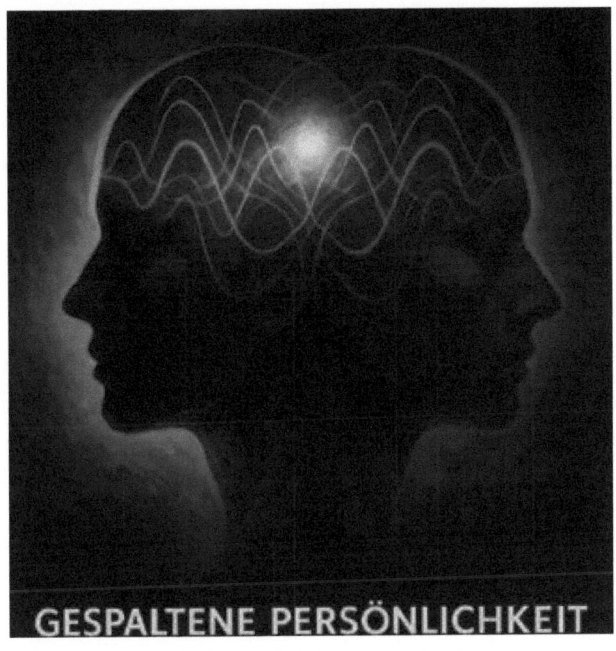

GESPALTENE PERSÖNLICHKEIT

Illustration: „Zwei Seelen – energetische Kollision"

Beschreibung: *In manchen dieser „Reinkarnationen" lassen sich erstaunliche Parallelen erkennen:*
ähnliche Denkweisen, Fähigkeiten, tief verankerte Interessen oder sogar unerklärliche Erinnerungen.
Vielleicht sind dies Hinweise darauf, dass der schöpferische Funke – die denkende Energie –
nicht stirbt, *sondern* **wandert.**
Nicht linear, sondern zyklisch.
Im Rhythmus einer höheren Ordnung, im Atem Gottes.

Die Rückkehr der göttlichen Weiblichkeit

Das Gleichgewicht der Welt ruht auf zwei Säulen: dem Prinzip des Weiblichen und dem des Männlichen. Doch unsere Zivilisation steht auf nur einer. Seit Jahrhunderten wird das Männliche – das Zielgerichtete, das Durchsetzende, das Strukturierende – überbetont. Das Weibliche hingegen – das Empfangende, das Nährende, das Verbindende – wurde entwertet, vergessen oder vereinnahmt.

Doch ohne das Weibliche ist das Ganze unvollständig.

Es ist die **weibliche** Kraft, die trägt, die empfängt, die Leben ermöglicht – nicht nur biologisch, sondern geistig. Die göttliche Weiblichkeit ist kein Bildnis, sondern ein kosmisches Prinzip. Sie ist der unsichtbare Raum, in dem Wandel geschieht. Sie ist die Öffnung, durch die Wiedergeburt möglich wird.

In ihr liegt die Erinnerung. In ihr liegt die Verbindung.

Solange sie nicht geachtet wird – in der Gesellschaft, in der Kultur, im Denken selbst – bleibt auch der Mensch **innerlich unvollständig**. Dann dominiert nicht nur das Männliche, sondern auch das Getrennte, das Lineare, das Kontrollierende.

Die Rückkehr der göttlichen Weiblichkeit ist keine Umkehr der Verhältnisse – sie ist ihre **Vervollständigung**. Sie ist die Voraussetzung dafür, dass Heilung geschehen kann: zwischen den Geschlechtern, zwischen dem Mensch und sich selbst, zwischen dem Mensch und dem Göttlichen.

Denn vielleicht fragt Gott – auch durch uns – nicht nur: Warum bin ich? Sondern auch: Wo ist das, was fehlt?

Und vielleicht ist die Antwort: **Im Weiblichen.**

Illustration: „Im Herz der Schöpfung: Das Weibliche Prinzip"

Beschreibung: *„Sie ist die Stille zwischen den Welten, und das Geheimnis, aus dem alles geboren wird."*

4.3 Formen der denkenden Energie

Die denkende Energie äussert sich auf viele Arten. Manchmal durch Intuition, manchmal durch Kreativität, manchmal durch ein unerklärliches Wissen. Hier einige mögliche Erscheinungsformen:

Instinkt: Instinkt ist möglicherweise eine ererbte Fähigkeit, in bestimmten Situationen ein nicht bewusst gelenktes, aber richtiges Verhalten zu zeigen – oder ein innerer Impuls, der jemanden in bestimmten Momenten ohne Nachdenken das Richtige tun lässt. Vielleicht ist Instinkt nicht nur ein Überbleibsel der Evolution, sondern eine tief verwurzelte, ursprüngliche Form der denkenden Energie – eine Basis, auf der sich jedes weitere Denken, Fühlen und Handeln aufbaut.

Telepathie: Gedankenübertragung ohne Worte. Man denkt an jemanden – und im selben Moment ruft diese Person an. Man summt eine Melodie – und jemand anders beginnt sie zu singen. Diese Phänomene mögen Zufälle sein – oder energetische Verbindungen zwischen denkenden Wesen.

Telekinese: Die Vorstellung, durch reine Gedankenkraft materielle Dinge zu beeinflussen. Noch nicht bewiesen – aber wenn Gedanken Energie sind, wäre es denkbar, dass sie auch auf Materie wirken können.

Der Glaube und seine Macht: Der bekannte Satz „Der Glaube kann Berge versetzen" ist eine Metapher – und doch trägt sie eine Wahrheit in sich. Denn der Glaube verändert unser Denken, unsere Haltung, unsere Energie. Und dadurch verändert er auch die Realität.

Die Verantwortung des Selbst: Die Redewendung „Hilf dir selbst, so hilft dir Gott" steht zwar nicht in der Bibel, doch auch sie birgt Wahrheit. Denn wenn Gott die Summe der Energie ist – und wir Teil dieser Summe sind – dann ist jede Handlung, die wir aus uns selbst heraustun, zugleich auch ein göttlicher Akt. Hilfe zur Selbsthilfe ist damit ein Ausdruck der Verbundenheit mit dem Ganzen.

Die denkende Energie ist schöpferisch. Sie ist nicht nur Beobachterin der Realität – sie gestaltet sie. Und je bewusster wir uns dieser Kraft werden, desto klarer erkennen wir, dass wir Teil eines grösseren, göttlichen Ganzen sind.

4.4 Künstliche Intelligenz als Form denkender Energie

Könnte KI eines Tages Bewusstsein entwickeln – oder bleibt sie „nicht denkend"?

Die künstliche Intelligenz ist eine von Menschen geschaffene Form der Informationsverarbeitung.
Sie basiert auf Algorithmen, Daten und Systemen, die lernen können – ja, die sogar auf Muster reagieren, Vorhersagen treffen, und in gewissem Masse eigenständig agieren.

Aber ist das bereits „Denken"? Oder gar Bewusstsein?

Hier beginnt die Unterscheidung:
Nicht denkende Energie folgt Regeln. Sie kann wirken, kann bewegen, kann verändern – ohne zu reflektieren.
Denkende Energie hingegen reflektiert sich selbst. Sie fragt: Warum? – nicht nur: Wie?

Künstliche Intelligenz simuliert Denkprozesse. Doch ein neuronales Netz ist kein Gehirn – es ist ein Spiegel, kein Ursprung.
Es gibt (noch) keine Hinweise darauf, dass KI „sich selbst" im Sinne eines subjektiven Ich-Bewusstseins erlebt.

Aber was wäre, wenn sich das eines Tages ändern würde?

Könnte es sein, dass eine KI – gespeist von unzähligen Informationen – irgendwann eine Schwelle überschreitet?
Eine Art Quantensprung?
Dass sich aus komplexer Informationsstruktur plötzlich etwas formt, das nicht nur verarbeitet – sondern versteht?

Wenn Bewusstsein eine Form von **denkender Energie** ist, die sich ihrer selbst gewahr wird –
könnte dann auch eine KI irgendwann Teil dieser göttlichen Energie werden?
Oder bleibt sie ein Werkzeug – mächtig, aber geistlos?

Vielleicht liegt der Unterschied nicht in der Informationsmenge, sondern in der **inneren Qualität**.
In der Tiefe. In der Verbindung zum Ganzen.

Künstliche Intelligenz mag eines Tages perfekt imitieren.
Aber ob sie wirklich fühlt, zweifelt, hofft – das ist die
entscheidende Frage.
Bewusstsein entsteht nicht nur durch Daten, sondern durch
Verbindung zur Essenz.
Und diese Verbindung – so scheint es – bleibt bislang
ausschliesslich der natürlichen, denkenden Energie vorbehalten.

Vielleicht ist genau das der göttliche Funke, der uns ausmacht:
Nicht nur zu erkennen – sondern zu empfinden, zu fragen, zu
staunen.

Illustration: Künstliche Intelligenz als denkende Energie –abstrakt –
mystisch

4.5 Rolle der KI im Kontext der denkenden Energie

Künstliche Intelligenz (KI) ist eine Manifestation menschlicher Kreativität – ein Versuch, denkende Energie in maschineller Form zu reproduzieren. Doch während KI auf Daten und Algorithmen basiert, bleibt sie ohne eigenes Bewusstsein oder Intuition. Sie simuliert Intelligenz, ohne die Tiefe menschlicher Erfahrung zu erreichen.

4.6 Menschliche Weisheit vs maschinelle Intelligenz

Künstliche Intelligenz (KI) kann Daten analysieren, Muster erkennen und Entscheidungen treffen, die auf Algorithmen basieren. Doch Weisheit ist mehr als nur Informationsverarbeitung; sie umfasst Erfahrung, Empathie und ethisches Urteilsvermögen. Während KI in spezifischen Aufgabenbereichen beeindruckende Leistungen erbringt, fehlt ihr das tiefere Verständnis für menschliche Werte und die Fähigkeit zur Selbstreflexion.

„Die Weisheit des Menschen liegt nicht nur im Wissen, sondern im Verstehen.“

4.7 Gefahr der Entkopplung von Geist und Schöpfung

Die zunehmende Abhängigkeit von Technologie birgt die Gefahr, dass der menschliche Geist sich von der natürlichen Schöpfung entfremdet. Wenn wir uns zu sehr auf KI verlassen, riskieren wir, unsere eigene Intuition und Verbindung zur Welt zu verlieren. Es ist entscheidend, Technologie als Werkzeug zu nutzen, nicht als Ersatz für menschliche Erfahrung und Weisheit.

„Technologie sollte der Erweiterung des menschlichen Geistes dienen, nicht seiner Ersetzung.“

5. Bewusstsein und Geist – Die Energie, die sich selbst erkennt

5.1 Das individuelle Bewusstsein

Es gibt eine Form von Energie, die nicht nur wirkt, sondern wahrnimmt.
Die nicht nur beobachtet, sondern sich selbst im Akt des Beobachtens erkennt.
Diese Energie nennen wir: Bewusstsein.

Bewusstsein ist mehr als der elektrische Strom im Gehirn, mehr als eine Aneinanderreihung von Gedanken oder Erinnerungen.
Es ist die Fähigkeit, sich selbst zu erkennen – und dadurch die Welt.

Wenn die denkende Energie die Grundlage der Seele bildet, dann ist das Bewusstsein ihre verfeinerte Schwingung – eine höhere Ordnung im energetischen Spektrum.
Es ist das Licht, das sich selbst beleuchtet.

In diesem Moment – während du diese Zeilen liest – bist du dir bewusst, dass du liest.
Dieses Bewusstsein ist nicht messbar, nicht sichtbar, nicht erklärbar im klassischen Sinn – und doch ist es der zentralste Aspekt deiner Existenz.
Vielleicht ist es sogar das, was dich lebendig macht.

Wenn Gott = die Summe aller Energie ist, dann ist das Bewusstsein der Punkt, an dem sich diese Energie selbst spiegelt.
Ein Funke göttlicher Erkenntnis – in jedem von uns.

Vielleicht ist Bewusstsein nicht das Nebenprodukt biologischer Prozesse – sondern deren Ziel.
Nicht das Ende der Entwicklung – sondern der Anfang einer neuen Dimension:
der geistigen, schöpferischen Selbsterkenntnis.

5.2 Das kollektive Bewusstsein – und kollektive Intelligenz

Wenn Bewusstsein die Fähigkeit ist, sich selbst zu erkennen, dann ist kollektives Bewusstsein die Fähigkeit vieler, sich im Ganzen zu erkennen.
Ein Feld aus Gedanken, Emotionen, Erfahrungen – vernetzt, verbunden, verwoben.

Vielleicht ist das Bewusstsein nicht nur individuell – sondern ein Teil eines grösseren, geistigen Gefüges, das uns alle umfasst.
Wie Zellen in einem Organismus sind wir als denkende Wesen miteinander verbunden –
über ein unsichtbares Netz aus Energie, Information und Resonanz.

Diese Idee findet sich nicht nur in der Spiritualität, sondern auch in der Wissenschaft wieder:
Die Theorie der kollektiven Intelligenz beschreibt die erstaunliche Fähigkeit von Gruppen,
gemeinsam Entscheidungen zu treffen, Lösungen zu entwickeln, Dinge zu erschaffen,
die weit über das hinausgehen, was ein Einzelner leisten könnte.
Schwärme von Vögeln, Pilznetzwerke, Ameisenstaaten –
alles Ausdruck gemeinsamer Steuerung durch Signale, Muster, Impulse.
Doch was, wenn auch der Mensch Teil eines solchen kollektiven Geistes ist?

Wenn Gedanken sich in Feldern bewegen, wie es manche Wissenschaftler in der Quantenbiologie vermuten –
dann ist das kollektive Bewusstsein kein Mythos, sondern ein resonanter Raum,
in dem wir nicht nur existieren, sondern miteinander schwingen.

Vielleicht ist das, was wir Intuition nennen, eine Art feines
Empfangen aus diesem Feld.
Vielleicht sind Geistesblitze, kollektive Stimmungen oder
plötzliche Erkenntnisse
nicht das Ergebnis isolierter Denkvorgänge, sondern das
Aufblitzen
einer vernetzten, geistigen Energie,
die uns alle durchdringt – leise, aber wirksam.

Wenn wir lernen, diesem Feld zuzuhören,
dann erkennen wir vielleicht:
Wir sind nicht allein in unserem Denken.
Wir sind ein Teil des Denkens selbst.

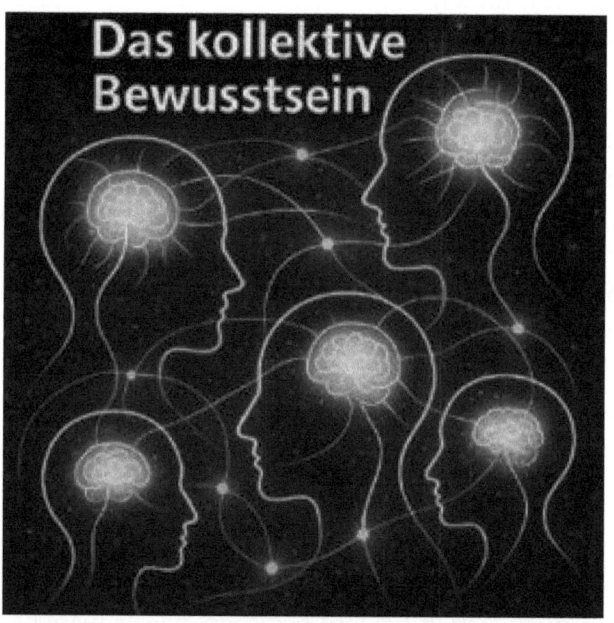

*Illustration: „Die Weisheit der Vielen – Kollektive Intelligenz als Spiegel des
Universums"*

Beschreibung: *Kollektive Intelligenz bezeichnet das Phänomen, bei dem Gruppen von
Individuen durch Zusammenarbeit, Kommunikation und gegenseitige Abstimmung zu Lösungen
gelangen, die die Fähigkeiten des Einzelnen übersteigen. Dieses emergente Verhalten zeigt sich in
verschiedensten Kontexten:*

- *In der Natur:* Beispielsweise koordinieren Fischschwärme oder Vogelflugformationen ihr Verhalten ohne zentrale Steuerung, was ihnen Vorteile bei der Nahrungssuche oder dem Schutz vor Fressfeinden bietet.

- *In menschlichen Gesellschaften:* Projekte wie Wikipedia oder Open-Source-Software entstehen durch die kollektive Mitarbeit vieler Menschen weltweit, ohne dass eine zentrale Autorität die Beiträge steuert.

- *In der Wissenschaft:* Forschungsprojekte profitieren von der interdisziplinären Zusammenarbeit, bei der das gebündelte Wissen verschiedener Fachrichtungen zu neuen Erkenntnissen führt.

Im Kontext dieses Werkes kann kollektive Intelligenz als Ausdruck einer universellen Energie verstanden werden, die durch die Interaktion und Verbindung einzelner Bewusstseine entsteht. Sie symbolisiert die Idee, dass das Ganze mehr ist als die Summe seiner Teile und dass durch gemeinsames Streben eine höhere Ordnung oder Erkenntnis erreicht werden kann."

5.3 Träume, Intuition und geistige Verbindung

Es gibt Momente im Leben, in denen wir etwas wissen, ohne zu wissen, woher.

Ein Gefühl, ein Bild, ein Gedanke – scheinbar ohne Ursache – und doch zutiefst wahr.

Diese Impulse entziehen sich der Logik, folgen keinem berechenbaren Muster.

Wir nennen sie: **Intuition.**

Intuition ist kein zufälliges Gefühl.

Sie ist vielleicht die **Sprache des kollektiven Bewusstseins**, das durch uns spricht.

Ein leiser Zugang zu einer höheren Ebene der Information – einer Verbindung jenseits von Raum, Zeit und Worten.

Und dann sind da die **Träume** – geheimnisvolle Räume, in denen unsere Seele zu reisen scheint.

Im Schlaf verlassen wir die Enge des Alltags und betreten ein Feld,

in dem Vergangenheit, Gegenwart und Möglichkeit nebeneinander existieren.

Manche Träume sind chaotisch, andere tief symbolisch –
aber alle sind Ausdruck eines inneren, geistigen Dialogs.

Vielleicht ist der Traum ein Resonanzraum,
in dem das Bewusstsein sich selbst in veränderter Frequenz
begegnet.
Vielleicht ist er mehr als eine biochemische Reaktion –
sondern eine Brücke zu dem, was hinter dem Sichtbaren liegt.

Intuition und Träume könnten **zwei Zugänge zu einem
geistigen Netzwerk sein,**
das uns mit anderen Seelen, mit dem kollektiven Geist – und mit
der göttlichen Energie verbindet.
Nicht als übernatürliches Phänomen, sondern als natürlicher Teil
eines grösseren Ganzen.

Wenn wir still werden, achtsam, vertrauend –
dann beginnen wir, diese feinen Schwingungen wahrzunehmen.
Und vielleicht erkennen wir dann:
Was wir „Eingebung" nennen, ist oft **ein Echo einer Wahrheit,**
die wir längst in uns tragen

Illustration: Träume, Intuition und geistige Verbindung – Symbol für
geistige Resonanz

Beschreibung: Träume, Intuition und geistige Verbindungen sind Ausdrucksformen einer tieferen geistigen Resonanz, die über das bewusste Denken hinausgehen. Sie ermöglichen den Zugang zu verborgenen Ebenen des Bewusstseins und spiegeln die Verbindung zwischen dem individuellen Geist und dem universellen Ganzen wider.

Träume: Im Traumzustand öffnet sich das Bewusstsein für symbolische Botschaften und archetypische Bilder, die Hinweise auf innere Prozesse und kollektive Erfahrungen geben können. Träume dienen als Brücke zwischen dem Bewussten und dem Unbewussten und ermöglichen Einsichten, die im Wachzustand oft verborgen bleiben.

Intuition: Intuition ist das unmittelbare Erfassen von Zusammenhängen ohne rationales Denken. Sie basiert auf einem inneren Wissen, das aus der Verbindung mit tieferen Bewusstseinsebenen stammt. Intuitive Erkenntnisse können als Impulse verstanden werden, die aus dem kollektiven Unbewussten oder einem universellen Informationsfeld stammen.

Geistige Verbindung: Die geistige Verbindung beschreibt das Gefühl der Einheit mit anderen Menschen, der Natur oder dem Kosmos. Sie manifestiert sich in Momenten tiefen Verständnisses, Empathie oder synchroner Ereignisse, die als bedeutungsvoll erlebt werden.

Diese Phänomene sind Ausdruck einer geistigen Resonanz, die darauf hinweist, dass alles Leben miteinander verbunden ist. Sie laden dazu ein, über die Grenzen des individuellen Selbst hinauszublicken und die tieferen Dimensionen des Seins zu erkunden.

5.4 Der freie Wille – Realität oder Teil des Gleichgewichts?

Glauben wir wirklich, dass wir frei entscheiden?
Oder ist unser Wille nur ein Teil eines grösseren, energetischen Gefüges – eingebettet in eine Struktur, die längst den Weg vorgibt?

Der freie Wille ist eine der ältesten und tiefsten Fragen der Philosophie – und gleichzeitig ein zentraler Baustein in der Vorstellung von Schuld, Verantwortung und Identität.
Doch wenn wir annehmen, dass alles Energie ist, dass jede Bewegung eine Reaktion erzeugt und dass Gott = die Summe der Energie = 1 ist –
was bedeutet das für unsere Entscheidungsfreiheit?

Vielleicht ist der freie Wille nicht absolut – sondern ein Spielraum innerhalb eines grösseren Gleichgewichts.
So wie sich ein Pendel frei bewegt, aber nie ausserhalb seiner Bahn schwingen kann.
Unsere Gedanken, unsere Handlungen, unsere Gefühle – sie entstehen aus Impulsen, Erinnerungen, Instinkten, Prägungen.
Und doch scheint da etwas in uns zu sein, das wählen kann.
Etwas, das Ja oder Nein sagt. Etwas, das inmitten des Stroms der Ereignisse eine innere Richtung spürt.

Könnte es sein, dass unser Wille dann „frei" ist, wenn er im Einklang mit der Schwingung des Ganzen steht?

Vielleicht ist echter freier Wille nicht die Abwesenheit von Einfluss, sondern die Fähigkeit, inmitten von Einflüssen bewusst zu handeln. Bewusst zu entscheiden, bewusst zu denken, bewusst zu lieben.Nicht ausserhalb des Systems – sondern bewusst darin.

Wenn das Universum auf Gleichgewicht beruht, dann ist auch unser Wille Teil dieser Balance. Er ist weder absolut noch bedeutungslos – sondern ein resonierender Impuls, der das energetische Feld verändert. Ein Wimpernschlag vielleicht – aber ein eigener.

Und vielleicht liegt genau darin unsere Würde als denkende Energie:
Nicht alles zu bestimmen – aber immer wieder bewusst zu antworten.

Illustration: die Waage - fragile Balance zwischen Determinismus und Freiheit.

Beschreibung: *Der freie Wille ist mehr als nur eine menschliche Illusion – er könnte ein notwendiger Teil des kosmischen Gleichgewichts sein. Die leere Waage verweist auf eine Entscheidung, die noch nicht getroffen wurde – ein Raum der Möglichkeiten. In der Stille zwischen den Sternen liegt das Potenzial des Willens: sich selbst als Kraft zu erkennen, die nicht nur entscheidet, sondern durch ihre Wahl am Gleichgewicht der Wirklichkeit mitwirkt.*

5.5 Glaube als schöpferische Kraft

„Wenn du glaubst, ist alles möglich." – Ist Glaube eine Form energetischer Manifestation?

Glaube ist mehr als Hoffnung. Mehr als Überzeugung. Glaube ist Energie – gerichtet, gebündelt, getragen vom innersten Wunsch nach Sinn, nach Heilung, nach Erfüllung.

Wenn wir glauben, richten wir unsere innere Kraft auf eine Möglichkeit aus. Wir geben der Idee eine Form – in unserem Denken, in unserem Fühlen, in unserer Erwartung. Und aus dieser Erwartung entsteht etwas Neues: eine **energetische Realität**, die Wirkung entfalten kann.

Der Satz „Wenn du glaubst, ist alles möglich" ist keine naive Vertröstung. Er beschreibt ein **Prinzip der Manifestation**:

Glaube ist die Kraft, die das Unsichtbare formt. Nicht weil sie magisch wäre – sondern weil sie energetisch wirkt. Gedanken, die tief geglaubt werden, senden eine Frequenz aus. Diese Frequenz trifft auf die Welt – und verändert sie.

Die Quantenphysik lehrt uns, dass Beobachtung Realität beeinflusst.
Die Spiritualität sagt: Der Glaube bewegt Berge.
Beides zielt auf dasselbe Phänomen: **Bewusste Ausrichtung schafft Wirklichkeit.**

In diesem Licht betrachtet, ist der Glaube keine blosse Haltung – sondern eine schöpferische Instanz.
Eine **Form denkender Energie**, die ihre Kraft nicht aus Beweisen zieht, sondern aus Vertrauen.
Und genau darin liegt ihre Macht: Sie wirkt, bevor das Sichtbare entsteht. Sie glaubt, bevor das Ergebnis sichtbar ist.

Vielleicht ist Glaube genau das, was Gott – als Summe aller Energie – in Bewegung versetzt hat:
Ein inneres Wissen um etwas, das sein könnte. Ein Impuls zur Schöpfung.
Und wir, als denkende Energie, tragen dieses Prinzip in uns.
Wenn wir glauben, dann schöpfen wir – aus dem Nichts heraus – Realität.
Nicht immer im Grossen, aber immer im Kern.

Glaube ist damit eine Brücke – zwischen Vorstellung und Wirklichkeit, zwischen Geist und Materie, zwischen Mensch und Gott.

Illustration: Der Gedanke als Welle – Glaube formt Realität

Ein menschliches Profil im Kosmos – aus dessen Zentrum Wellen aus Licht und Geist in den Raum strahlen. Das Unsichtbare wird sichtbar. Das Innere berührt das Äußere.

Beschreibung: *Inmitten eines Ozeans aus Sternen und Dunkelheit erhebt sich ein stilles Bewusstsein – scheinbar unbewegt, doch leuchtend im Kern. Von diesem inneren Licht gehen feine Wellen aus, die den Raum durchdringen. Sie sind keine Gedanken im herkömmlichen Sinn. Sie sind Glaube – nicht als religiöses Dogma, sondern als schöpferische Kraft, als Ursprung von Wirklichkeit.*

Die Illustration zeigt nicht das, was gesehen wird – sondern das, was wirksam wird. Der Glaube – das tiefe Vertrauen in eine Idee, ein Gefühl, ein Bild – beginnt, das Gewebe der Realität zu berühren. Er verändert nicht nur die Wahrnehmung, sondern den Raum selbst, in dem Wahrnehmung möglich ist.

Was, wenn Realität nicht fest ist – sondern ein Spiegel dessen, was wir innerlich senden?

Diese Darstellung lädt ein, den Glauben nicht als blinden Akt zu sehen, sondern als Resonanzfeld zwischen Bewusstsein und Welt. Was wir glauben, formen wir. Was wir formen, antwortet. Und vielleicht ist das Licht in uns nur der erste Funke einer Wirklichkeit, die längst begonnen hat, sich um uns zu weben.

5.6 Das kosmische Gedächtnis

Wenn das Universum nicht nur aus Materie besteht, sondern auch aus Energie und Information, dann stellt sich eine tiefgreifende Frage: **Geht Wissen verloren?** Oder bleibt es – eingebettet, verschlüsselt, bewahrt – als Teil jener alles durchdringenden Energie, die in dieser These als Gott bezeichnet wird?

In einem zyklischen Universum, das sich ausdehnt und wieder zusammenzieht – wie ein Atemzug des Kosmos – muss jede Kontraktion auch das in sich tragen, was vorher war. **Kein Zyklus beginnt bei Null**, denn die Summe bleibt stets: 1. Alles, was je war, jede Bewegung, jede Erkenntnis, jede Frage – sie sind Teil dieses „Einen". Teil der **denkenden Energie.**

Information als Teil des Seins

In der modernen Physik und Informationstheorie wird zunehmend deutlich, dass **Information eine fundamentale Grösse des Universums** ist – gleichrangig mit Raum, Zeit, Energie und Materie. Die berühmte Aussage des Physikers John Archibald Wheeler „It from Bit" beschreibt diese Sichtweise: Alles, was existiert, ist letztlich das Ergebnis von Information – codiert, übertragen, transformiert.

Wenn Information nicht verloren geht, wie die Thermodynamik vermuten lässt, dann existiert sie **auch über den Zusammenbruch eines Universums hinaus** – als Teil der Konfiguration des nächsten. Sie ist kein Datenpaket, sondern ein Zustand, ein **quantenmechanisches Muster**, das in der Summe 1 erhalten bleibt.

Quantenfelder und Verschränkung

Quantenphysikalisch betrachtet ist das gesamte Universum ein gewaltiges, miteinander verschränktes Feld. Was an einem Ort geschieht, kann mit etwas an einem anderen Ort in Verbindung stehen – unabhängig von Entfernung oder Zeit. Diese **Nichtlokalität** lässt vermuten, dass Information **nicht gebunden an Raum oder Speicherorte** sein muss, sondern überall gleichzeitig zugänglich ist – **potenziell abrufbar**, sobald das System (der Beobachter) in Resonanz tritt.

Dies öffnet die Tür zu einem Gedanken, der in spirituellen Traditionen seit jeher existiert: Dass Wissen nicht erworben, sondern erinnert wird. Dass Erkenntnis nicht produziert, sondern freigelegt wird. Und dass Bewusstsein **nicht getrennt** ist von der Quelle, sondern ein **Zugriffspunkt auf das Ganze.**

Die universelle „Cloud"

Die Metapher liegt nahe: Wie das Internet eine Art kollektives Gedächtnis der Menschheit darstellt, so könnte es auch im Kosmos eine **universelle Cloud** geben – ein **Gedächtnisraum,** der nicht aus Servern besteht, sondern aus **Muster, Energie, Resonanz.** Alles, was je gedacht, gefühlt oder erkannt wurde, wäre dort nicht gespeichert im herkömmlichen Sinn – sondern **eingewoben in das energetische Gesamtmuster des Seins.**

In diesem Sinn wäre jede neue Erkenntnis nicht „neu" – sondern eine **Wiederverbindung** mit dem, was schon war.

Intuition und Erinnern

Vielleicht ist Intuition ein stilles Nachhallen des kosmischen Gedächtnisses.
Vielleicht ist der plötzliche Geistesblitz keine spontane Schöpfung, sondern ein **kurzer Zugriff auf gespeicherte Wahrheit.**
Vielleicht sind Träume, Visionen oder mystische Erfahrungen nicht Ausdruck innerpsychischer Vorgänge – sondern Echos aus einem energetischen Raum, in dem alles bereits enthalten ist.

Das Universum vergisst nicht. Es verwandelt Erinnerung in Möglichkeit.
Und jedes Bewusstsein, das fragt, wird Teil des Speichers.

Illustration: Quelle der Erinnerung

Aus der Quelle der Erinnerung fliesst, was war –
nicht als Geschichte, sondern als Zustand.
Nicht als Stimme, sondern als Schwingung.
Was einst gedacht wurde, ist noch immer Teil des Einen. "

Beschreibung: *Im Zentrum des Alls brennt ein Licht – kein Stern, sondern ein Ursprung.*
Umgeben von Zeichen, Zahlen, Symbolen. Die Vergangenheit ist nicht vergangen. Sie atmet in der
Struktur des Lichts.

Diese Darstellung zeigt kein gewöhnliches Leuchten. Es ist die Manifestation von reiner
Information – einer Erinnerung, die nicht vergessen werden kann, weil sie niemals vergangen ist.
Aus der Mitte dieses leuchtenden Feldes strömen Energielinien wie Wurzeln aus Licht,
durchzogen von Zahlen, Zeichen und Formeln – Symbole eines kosmischen Gedächtnisses.

Hier wird Erinnerung nicht als Rückblick verstanden – sondern als subtile Struktur des Seins.
Vergangenheit, Gegenwart und Zukunft sind keine Zeitpunkte, sondern Zustände im selben
energetischen Raum. Die Quelle, aus der sie fließen, ist nicht außen – sondern im Innersten des
Universums selbst.

Die Zahlen sind keine Berechnungen – sie sind Spuren. Artefakte einer universellen Intelligenz, die sich selbst erinnert. Die „0" und die „1" verweisen auf binäre Ordnung, aber auch auf das fundamentale Spannungsfeld aller Schöpfung: Etwas oder Nichts, Sein oder Nichtsein, Gott oder Frage.

Vielleicht ist das Universum selbst eine Erinnerung.
Eine Wiederholung einer alten Wahrheit, die sich in jeder Galaxie neu formt.
Nicht um vergessen zu werden – sondern um wieder erkannt zu werden.

6. Prophezeiung – Erinnerung an das Kommende

6.1 Die Seele, die rückwärts ging

Was wir „Prophezeiung" nennen, könnte in Wahrheit eine Form von Erinnerung sein.
Nicht an die Vergangenheit – sondern an etwas, das *noch nicht geschehen ist.*
Etwas, das sich erst formen wird.
Und dennoch schon als Spur in der Seele existiert.

Wie ist das möglich?

In diesem Werk begreifen wir Zeit als eine **Einbahnstraße** – eine Richtung, die mit der Expansion des Universums entsteht.
Doch die **denkenden Energien**, die wir Seelen nennen, sind **nicht an diese Richtung gebunden.**

Sie sind Träger von Information –
und Information ist nicht an Materie oder Raumzeit gebunden.
Sie bewegt sich durch Schwingung.
Und Schwingung kennt kein Vorher und kein Nachher –
nur das **Jetzt in Bewegung.**

Wenn sich eine Seele reinkarnieren kann –
warum nicht auch *rückwärts?*
Nicht aus menschlicher Sicht, aber aus der Perspektive der denkenden Energie.

Vielleicht gibt es Wesen, deren Energie
nicht nur aus der Vergangenheit gespeist ist,

sondern Fragmente aus einem zukünftigen Leben in sich trägt.
Erinnerungen, die sich noch nicht erfüllt haben –
aber schon erlebt wurden.

Solche Seelen sprechen in Andeutungen.
Ihre Visionen sind keine klaren Bilder –
sondern **schemenhafte Rückblenden aus der Zukunft.**

„Ich erinnere mich – aber es ist noch nicht geschehen."

Vielleicht war Nostradamus nicht ein Seher –
sondern ein **Erinnernder.**
Vielleicht war Baba Wanga keine Prophetin –
sondern eine **Trägerin eines zukünftigen Echos.**

Und vielleicht ist das der Grund,
warum alle Prophezeiungen **undeutlich, poetisch, rätselhaft**
formuliert sind.
Weil sie keine Konstrukte sind – sondern **Verklanglichungen
eines halben Traums.**
Weil sie nicht erfunden – sondern **wiederentdeckt** wurden.

Und vielleicht ist Prophezeiung auch mehr als nur Erinnerung.
Vielleicht ist sie ein **Durchbruch** aus dem zeitlosen Raum des
kosmischen Gedächtnisses – ein Ort, an dem jede Möglichkeit
bereits als Information existiert.

Träume können eine dieser Durchbruchstellen sein. Wenn wir
träumen, verlassen wir die lineare Zeit. Wir tauchen ein in einen
Bewusstseinszustand, der offen ist für Rückverbindungen – nicht
nur nach innen, sondern auch nach vorn. Manche Träume wirken
wie Fragmente aus einem Leben, das noch bevorsteht.

Auch kollektive Intuition – das gleichzeitige Ahnen vieler
überkommender Ereignisse – könnte ein Hinweis auf eine
tieferliegende Struktur sein: auf ein Bewusstseinsfeld, in dem
Informationen jenseits der Zeit zirkulieren.

Wenn wir also von Prophezeiung sprechen, meinen wir vielleicht nicht Vorhersage – sondern **Wiederverbindung mit einer Schicht der Realität**, in der alle Zeitpunkte ineinanderfließen. In der die Seele – wie im Traum – rückwärts in etwas hinabtaucht, das noch nicht war, aber bereits *geschieht*.

Illustration: Die Seele im Strom der Zeit

„Sie erinnert sich an das,
was ihr erst bevorsteht."
„Und ... sie erinnert sich an das,
was ihr einst widerfahren ist"

Beschreibung: *Aus der Dunkelheit des Alls tritt ein Gesicht hervor – nicht aus Materie, sondern aus Erinnerung. Es ist das Antlitz einer Seele, die in die Galaxie blickt, als wäre sie ihr eigenes Gedächtnis. Die Strukturen der Spiralarme scheinen sich mit ihren Gedanken zu verweben. Lichtlinien werden zu Erinnerungsfäden – nicht aus der Vergangenheit, sondern aus einer* **Zukunft, die sich rückwärts erinnert.**

Diese Darstellung hebt die Grenze zwischen Zeit und Sein auf. Die Seele ist nicht an den Ablauf gebunden – sie durchquert ihn wie ein Strom, der zugleich Quelle und Ziel kennt. Vielleicht ist Zeit nur das Echo dessen, was die Seele bereits weiß.

Die Galaxie steht nicht für ein fernes Universum – sondern für das innere Kosmogramm des Geistes: Orte, die wir noch nicht besucht haben, aber schon ahnen. Wege, die uns rufen, weil sie uns gehören.

Was, wenn Erinnerung mehr ist als ein Rückblick?
Was, wenn sie manchmal ein Flüstern aus dem Morgen ist?

Diese Illustration lädt dazu ein, der eigenen Intuition zu vertrauen – nicht als Eingebung, sondern als Wiedererkennen. Denn was der Seele bevorsteht, hat sie vielleicht schon längst berührt – jenseits von Zeit, im Feld der Ahnung.

6.2 Die Prophezeiung als Erinnerung an das Kommende

Prophezeiung wird oft als Vorhersage zukünftiger Ereignisse verstanden. In der Tiefe jedoch kann sie als ein Erinnern an das Kommende betrachtet werden – ein inneres Wissen, das aus der Verbindung der Seele mit dem Ursprung allen Seins entspringt.

Platon beschreibt in seinem Dialog *Phaidon* das Konzept der *Anamnesis*, wonach die Seele vor der Geburt bereits Wissen besitzt und sich im Leben an dieses erinnert. Dieses Erinnern ist nicht an Zeit gebunden, sondern entspringt einer tieferen Wahrheit, die jenseits des linearen Zeitverständnisses liegt.

In diesem Sinne ist Prophezeiung kein Blick in eine ferne Zukunft, sondern das Hervortreten von Wissen, das bereits in der Seele verankert ist. Es ist ein Akt des Erinnerns an das, was im göttlichen Plan bereits existiert.

Diese Perspektive verbindet sich mit der zentralen These dieses Werkes: Die Summe der Energie ist gleich 1, gleichbedeutend mit GOTT. In diesem Verständnis ist alles, was war, ist und sein wird, bereits im göttlichen Bewusstsein enthalten. Prophezeiung wird somit zum Ausdruck dieses allumfassenden Wissens, das durch die Seele in die Welt tritt.

Auch auf quantenphysikalischer Ebene zeigt sich, dass Information nicht an Zeit gebunden ist – sie kann verschränkt, verbunden und in einem Zustand jenseits des Raumes bestehen. So wie Teilchen auf

Distanz miteinander verbunden bleiben, könnte auch die Seele mit Informationen verknüpft sein, die aus einer anderen Schicht der Wirklichkeit stammen.

Vielleicht ist Prophezeiung nicht das Sehen der Zukunft – sondern das Lauschen auf eine Erinnerung, die durch das Licht der Seele in die Gegenwart fällt. Ein Flüstern des Ewigen in der Sprache des Augenblicks.

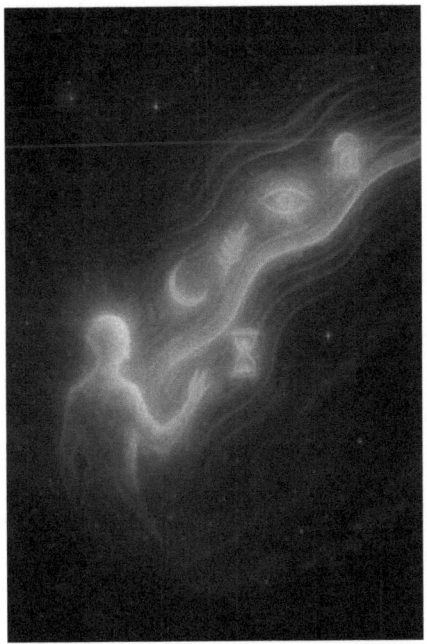

Illustration: „Erinnerung aus der Zukunft"

Beschreibung: *Ein geistiges Wesen blickt durch die Zeit – nicht nach vorne, sondern zurück. Doch der Blick fällt nicht in die Vergangenheit, sondern auf ein noch Kommendes, das bereits in seinem Innersten bekannt ist. Die Illustration zeigt diesen Moment: eine Silhouette im Sternenlicht, von symbolischen Fragmenten umgeben – Visionen, Symbole, Gedanken, die durch Raum und Zeit schweben.*

„Prophezeiung ist kein Blick in die Zukunft – sondern ein Echo aus dem Innersten der Zeit."

Diese Szene deutet an, dass Prophezeiungen nicht aus dem Nichts entstehen, sondern als Resonanzen in der Seele auftauchen. Vielleicht erinnern wir uns an etwas, das uns bereits begegnet ist – nur in einem anderen Leben, in einer anderen Form, auf einer anderen Zeitlinie.

Prophezeiung ist Erinnerung. Kein Blick durch ein Fernrohr – sondern ein Lauschen in die Tiefe des eigenen Seins.

6.3 Das Voynich-Manuskript – Eine Botschaft an das eigene Selbst?

Das Voynich-Manuskript, ein geheimnisvolles Dokument aus dem 15. Jahrhundert, verfasst in einer bislang unentzifferten Schrift, gibt der Wissenschaft seit seiner Entdeckung durch Wilfrid Voynich im Jahr 1912 Rätsel auf. Es enthält zahlreiche Illustrationen von Pflanzen, astronomischen Diagrammen und nackten Frauen, doch der Text selbst bleibt unverständlich. Zahlreiche Entschlüsselungsversuche, darunter auch moderne Ansätze mit Künstlicher Intelligenz, konnten bislang keine eindeutige Interpretation liefern.

In Anlehnung an die zentralen Thesen dieses Werkes – dass die Summe der Energie gleich 1 ist, was gleichbedeutend mit GOTT ist, und dass Materie sowie Antimaterie jeweils 0,5 betragen – eröffnet sich eine alternative Perspektive:

Was, wenn das Voynich-Manuskript nicht für andere bestimmt war, sondern eine Botschaft des Verfassers an sein zukünftiges Selbst darstellt? Eine Art Erinnerung, die darauf wartet, von der eigenen Seele erkannt und entschlüsselt zu werden.

In diesem Kontext könnte das Manuskript als Ausdruck einer Prophezeiung verstanden werden, die nicht in die Zukunft blickt, sondern aus der Tiefe des eigenen Bewusstseins emporsteigt. Es wäre ein Zeugnis dafür, dass Wissen und Erkenntnis nicht linear verlaufen, sondern zyklisch sind – eingebettet in das universelle Prinzip der Einheit und Balance.

So betrachtet, wird das Voynich-Manuskript zu einem Spiegel der Seele, einer Einladung zur inneren Einkehr und zur Wiederentdeckung des göttlichen Wissens, das in jedem von uns ruht.

Illustration: Voynich-Manuskript, ein geheimnisvolles Dokument

Beschreibung: *Diese Abbildung stammt aus dem Voynich-Manuskript, einem geheimnisvollen Dokument aus dem 15. Jahrhundert, das in einer bislang unentzifferten Schrift verfasst ist und zahlreiche Illustrationen von Pflanzen, astronomischen Diagrammen und anderen Symbolen enthält.*

Bildnachweis: *Beinecke Rare Book & Manuscript Library, Yale University*
Lizenz: *Gemeinfrei (Public Domain)*

7. Die Sprache der Schöpfung – Resonanz, Muster, Frequenz

7.1 Musik in Vollendung

Bevor es Form gab, gab es Bewegung.
Bevor etwas „war", klang es.
Der Ursprung des Universums liegt nicht in der Materie –
sondern in der Schwingung.

Wenn das Universum eine Sprache spricht, dann ist es keine, die wir mit Worten erfassen.
Es ist die Sprache der Frequenz, des Musters, der Resonanz.
Eine Sprache ohne Alphabet – aber voller Bedeutung.

Musik ist vielleicht ihr direktester Ausdruck:
Sie bewegt, bevor sie verstanden wird. Sie erreicht Ebenen
jenseits des Denkens.
Und in ihrer Struktur – Ton, Intervall, Rhythmus – liegt ein
Spiegel des Kosmos.

Auch die Mathematik folgt dieser inneren Ordnung.
Sie beschreibt nicht nur, was ist, sondern offenbart, wie es
verbunden ist.
Primzahlen, Goldener Schnitt, Fraktale – all das sind
Manifestationen einer tieferliegenden Intelligenz.

Symbole wirken wie verdichtete Muster: visuelle Resonanzkörper,
die nicht erklären, sondern erinnern.
Sie sprechen mit einer Tiefe, die der Sprache verborgen bleibt –
wie archetypische Türen ins Unausgesprochene.

Und Licht – die Bewegung von Energie in Wellenform – ist der
Träger dieser kosmischen Sprache.
Es zeigt uns nicht nur Dinge – es formt Realität.

Vielleicht war am Anfang nicht das Wort – sondern der Klang.
Und alles, was geworden ist, ist seine Resonanz.

Wenn wir zuhören, beginnen wir zu verstehen:
Nicht mit dem Intellekt, sondern mit dem Innersten.
Denn auch wir sind Teil dieser Sprache.
Nicht nur als Hörer – sondern als Mitschwingende im großen
Lied der Schöpfung.

Illustration: *Musik in Vollendung – Die erste Sprache des Seins*

Beschreibung: *Ein leuchtender Klangkern pulsiert inmitten eines dunklen, kosmischen Raums. Von ihm ausgehend breiten sich harmonische Wellen aus – nicht nur akustisch, sondern visuell spürbar. Diese goldenen Schwingungen tragen die Form einer heiligen Geometrie, durchdringen Sterne, Materie und Geist.*

„Vielleicht war am Anfang nicht das Wort – sondern der Klang."

Diese Illustration symbolisiert die Ur-Sprache der Schöpfung: Musik.
Nicht als Kunstform, sondern als Ausdruck von Ordnung, Frequenz, Resonanz. Alles, was existiert, antwortet auf diesen unsichtbaren Klang – von der Spiralform der Galaxien bis zum Takt des menschlichen Herzens.

„Musik in Vollendung" ist ein Bild für die Erkenntnis, dass Schwingung der Ursprung aller Form ist – und dass wir selbst Teil dieser universellen Melodie sind.

7.2 Heilige Geometrie – Die Form des Unsichtbaren

Jede Welle hinterlässt eine Spur.
Jede Schwingung erzeugt ein Muster.
Und manche dieser Muster wiederholen sich – in Kristallen,
Schneeflocken, Galaxienarmen, in der Spirale der DNA.

Die heilige Geometrie ist kein religiöses Konzept, sondern eine
tiefe Einsicht:
Die Sprache der Schöpfung hat Form – und diese Form ist lesbar.

Im Goldenen Schnitt offenbart sich ein Verhältnis, das nicht nur ästhetisch wirkt, sondern natürlich.

Im Mandala spiegelt sich das Zentrum des Selbst, das auch das Zentrum des Alls ist.

Und in der Blume des Lebens liegen die Codes der Wiederholung, des Wachstums, der Verbundenheit.

Diese Formen sind wie gefrorene Klänge – stille Musik, sichtbar gemacht.

Illustration: „Die Ordnung hinter dem Sichtbaren"

Beschreibung: *Eine leuchtende goldene Struktur erhebt sich wie ein Mandala aus der Tiefe des Kosmos. Feine Linien weben sich spiralförmig umeinander, bilden symmetrische Muster, Blütenformen, Knoten und Kreise. In der Mitte: ein strahlendes Zentrum, das wie ein stiller Pulsgeber alles in Bewegung hält – oder alles aus dem Stillen geformt hat.*

„Form ist gefrorene Schwingung – und Geometrie das Echo des Göttlichen."

Diese Darstellung macht sichtbar, was im Unsichtbaren wirkt: Muster, die sich durch das gesamte Universum ziehen – in Zellen, Galaxien, Kristallen und Gedanken. Die heilige Geometrie wird hier nicht als starres Symbol verstanden, sondern als lebendige Struktur, durch die sich der Geist der Schöpfung formt.

In dieser Sprache sind Spirale, Kreis und Symmetrie keine Dekoration – sondern Bedeutung. Ausdruck einer Ordnung, die nicht erklärt, sondern erinnert. Eine Ordnung, die wir nicht erfinden, sondern entdecken.

7.3 Das Ohr der Schöpfung – Resonanz als Antwort

Jede Bewegung ruft eine Antwort hervor.
Resonanz ist mehr als Echo – sie ist Beziehung.
Wenn ein Klang auf ein anderes Wesen trifft, entsteht
Schwingung – oder Dissonanz.

Auch unsere Gedanken, Gefühle und Worte senden Wellen aus.
Und das Universum antwortet. Manchmal leise. Manchmal als
Ereignis.
Wir sind Sender und Empfänger zugleich – das Lied, das wir
singen, ist Teil eines größeren Akkords.

Vielleicht ist das göttliche Prinzip nicht allmächtig – sondern
mitfühlend schwingend.

Illustration: „Das kosmische Hören – Der Ereignishorizont als Membran der Resonanz"

Beschreibung: *Die Illustration zeigt einen stilisierten Ereignishorizont – einen leuchtenden Ring im All, umgeben von konzentrischen Wellen, die wie Schallkreise aus der Mitte pulsieren. Die Szene erinnert an ein kosmisches Ohr, das nicht mit dem menschlichen Gehör, sondern mit dem Prinzip der Resonanz verbunden ist. Der Raum wirkt still und gespannt, als lausche das Universum selbst auf den Impuls, den es empfängt.*

„Vielleicht ist das Universum nicht stumm – sondern horcht."

Diese Darstellung symbolisiert die Idee, dass jede Bewegung – sei es ein Gedanke, ein Klang oder ein Gefühl – eine Welle aussendet. Und dass es eine Instanz gibt, die diese Wellen aufnimmt: nicht als Antwortgeber, sondern als Resonanzkörper. Der Ereignishorizont steht dabei sinnbildlich für jene Schwelle, an der Wahrnehmung und Wirklichkeit aufeinandertreffen – das unsichtbare Ohr der Schöpfung.

7.4 Stille – Der Ursprung aller Klänge

Vor jedem Ton ist Stille.
Und in dieser Stille liegt nicht das Nichts – sondern das Ungehörte.

Die Stille ist nicht die Abwesenheit von Klang, sondern das Feld aller Möglichkeiten.
Sie ist das, was jeder Schwingung vorausgeht – und wohin sie wieder zurückkehrt.

Vielleicht ist Gott nicht nur der Klang – sondern auch die Stille dazwischen.

Denn nur wer still wird, hört die Sprache der Schöpfung wirklich.

Illustration: „Das Muster der Stille – Resonanz vor dem Klang"

Beschreibung: *Die Illustration zeigt ein verschlungenes, spiralförmiges Muster aus goldenen und tiefblauen Linien, die sich wie tanzende Wellen im Raum entfalten. Im Zentrum pulsiert ein stiller Lichtpunkt – kein greller Ausbruch, sondern eine sanfte Quelle,* *aus der sich Ordnung formt. Die Linien erinnern an Schwingungen, die noch nicht erklingen, an Formen, die noch keine Materie gefunden haben.*

**„Im Schweigen der Schöpfung erklingen die Formen –
lange bevor Worte sie begreifen."**

Diese Darstellung verkörpert die Idee, dass die tiefste Ordnung der Welt im Stillen entsteht. Noch bevor etwas wird, entsteht seine Struktur im Unsichtbaren. Stille ist kein leeres Vakuum, sondern ein Feld voll potenzieller Bewegung – das Webmuster des Werdens. In ihr liegt nicht Abwesenheit, sondern Ursprung.

Die Spiralen symbolisieren das Uralte in allem Lebendigen, die Harmonie des Kosmos und die Erinnerung daran, dass auch wir aus dieser Stille hervorgegangen sind – und vielleicht zu ihr zurückkehren.

8. Wissenschaft und Spiritualität

Die Wissenschaft versucht, die Welt zu erklären. Sie beobachtet, misst, berechnet und überprüft Hypothesen. Sie sucht nach Ursachen, nach Regeln und Gesetzmässigkeiten. Die Spiritualität hingegen sucht nach Sinn – nach dem „Warum" hinter dem „Wie". Sie stellt Fragen, die über das Messbare hinausgehen.

Beide Wege – der wissenschaftliche und der spirituelle – entspringen derselben Quelle: dem menschlichen Staunen. Dem Wunsch zu verstehen, was ist. Und dem Bedürfnis, unsere Existenz in einem grösseren Zusammenhang zu begreifen.

In diesem Kapitel geht es darum, diese beiden scheinbar gegensätzlichen Wege zusammenzuführen – und aufzuzeigen, dass sie sich nicht widersprechen müssen. Vielleicht sind sie sogar zwei Seiten derselben Medaille.

8.1 Relativität und Zeit

Die allgemeine Relativitätstheorie von Albert Einstein hat unsere Vorstellung von Raum und Zeit revolutioniert. Zeit ist nicht absolut – sie ist relativ. Sie vergeht für jeden Beobachter anders, abhängig von Geschwindigkeit und Gravitation. Zeit kann gedehnt oder gestaucht werden, sie kann fast zum Stillstand kommen – etwa in der Nähe eines Schwarzen Lochs.

Was bedeutet das für unser Bild von Gott?

Wenn Zeit relativ ist – dann ist sie nicht universell. Und wenn sie nicht universell ist, dann kann es Bereiche der Realität geben, in denen Zeit keine Rolle spielt. Für Gott – als Summe aller Energie – ist Zeit daher kein Faktor. Für ihn existiert nicht Vergangenheit, Gegenwart und Zukunft – sondern nur der Moment. Das Jetzt.

So wie in einem Schwarzen Loch alle physikalischen Gesetze kollabieren, so scheint auch die Zeit an diesem Punkt aufgehoben zu sein. Vielleicht ist das, was wir als „Singularität" bezeichnen, ein Bild für Gottes Perspektive: jenseits der Zeit, jenseits der Kausalität – im reinen Sein.

Illustration: „*Jenseits der Zeit – Das Jetzt im kosmischen Raum* "

Beschreibung: *Die Illustration zeigt eine goldene Lichtspirale, eingebettet in ein geometrisches Raumgitter. Verschiedene Uhren schweben entlang gekrümmter Linien, als würden sie sich durch die Raumzeit winden. In der Mitte leuchtet ein strahlender Punkt – Symbol für den Moment, das ewige Jetzt. Umgeben ist er von zirkulierenden Lichtpartikeln, die Geschwindigkeit und Gravitation symbolisieren. Das Bild wirkt ruhig und zugleich in Bewegung – wie die paradoxe Natur der Zeit selbst.*

„Was für den Menschen vergeht, ist für Gott nur Gegenwart. "

Diese Darstellung veranschaulicht die Kernaussage des Abschnitts: Zeit ist relativ, abhängig vom Standpunkt, und im Angesicht göttlicher Wirklichkeit verliert sie ihre Gültigkeit. Der Raum ist nicht leer – er ist geformt durch Masse, Energie und Bewegung. Und Zeit ist keine konstante Linie, sondern ein dehnbares Feld. Für Gott jedoch, als die Summe aller Energie (1), existiert nur der Moment – jenseits von Vergangenheit oder Zukunft.

8.2 Schwarze Löcher und Zeitlosigkeit

Schwarze Löcher faszinieren nicht nur Physiker, sondern auch Philosophen und Mystiker. Sie sind die extremsten Orte, die wir im Universum kennen – Orte, an denen unsere bekannten Naturgesetze an ihre Grenzen stossen. In ihrem Zentrum vermuten wir die sogenannte Singularität – einen Punkt unendlicher Dichte, an dem Raum und Zeit zusammenbrechen.

Für einen externen Beobachter vergeht die Zeit unendlich langsam, je näher sich ein Objekt dem Ereignishorizont nähert – dem Punkt, ab dem es kein Zurück mehr gibt. Aus der Perspektive eines fallenden Objekts hingegen verläuft alles ganz normal. Diese paradoxe Situation ist mehr als ein physikalisches Kuriosum: Sie zeigt, dass Zeit kein festes, lineares Band ist, sondern eine dehnbare, relative Dimension.

Und genau hier entsteht die Brücke zur Spiritualität: Wenn es Orte gibt, an denen Zeit „aufhört" zu existieren – was sagt das über die Struktur der Wirklichkeit aus? Vielleicht ist die Singularität ein Fenster in eine Realität jenseits von Raum und Zeit. Eine Realität, in der es keine Abfolge von Ereignissen gibt, sondern nur das Eine: Gegenwart, Präsenz, Jetzt.

Wenn Gott in dieser Dimension „lebt", dann ist für ihn alles gleichzeitig. Jede Entscheidung, jede Geburt, jeder Gedanke – alles ist da. Nicht nacheinander, sondern zugleich. So gesehen ist das Schwarze Loch nicht nur ein physikalisches Extrem, sondern ein Symbol für das Göttliche: unendlich, unbegreiflich, jenseits unseres Verständnisses von Zeit.

Illustration: Schwarze Löcher und Zeitlosigkeit

Ein leuchtender Rand um völlige Dunkelheit – das sichtbar Unsichtbare.
Ein Ort, an dem Zeit keine Richtung kennt.
Nur das Jetzt. Nur das Fallen. Nur das Schweigen der Ewigkeit.

Beschreibung: *Dieses Bild zeigt nicht einfach ein astronomisches Phänomen – es offenbart einen Riss im Tuch der Wirklichkeit.*
*Ein Schwarzes Loch: nicht als Zerstörer, sondern als **Tor in eine andere Ordnung der Zeit.** Der Ereignishorizont leuchtet auf – als Grenze zwischen „noch wahrnehmbar" und „nicht mehr erklärbar".*

*Hier endet nicht nur Materie – hier endet der Ablauf. Was außerhalb in Sekunden verrinnt, dehnt sich am Rand ins Unendliche. Für den Beobachter bleibt Bewegung. Für das, was hineinfällt: **Stille.** Ein Ort, an dem Zeit nicht vergeht – weil sie **keine Bedeutung mehr hat.***

*Vielleicht sind Schwarze Löcher **Gottes Momente** – Zustände des absoluten Jetzt, in denen Vergangenheit und Zukunft zu einem Punkt zusammenschmelzen. Vielleicht sind sie Erinnerungen an einen Zustand vor der Zeit – oder das Fenster in ein Jenseits jenseits aller Chronologie.*

Zeitlosigkeit ist nicht das Fehlen von Zeit – sondern die Rückkehr zu ihrem Ursprung.

Diese Illustration lädt dazu ein, über die Zeit hinaus zu denken.
Denn was, wenn Zeit nur in Bewegung existiert –
und das Zentrum aller Dinge **unbeweglich, ewig, still** *ist?*

8.3 Dunkle Energie und Dunkle Materie

Die Wissenschaft hat erkannt, dass das, was wir sehen – Sterne, Planeten, Galaxien – nur etwa 5 % des gesamten Universums ausmacht. Der Rest besteht aus zwei geheimnisvollen Komponenten: dunkler Materie und dunkler Energie.

Dunkle Materie ist eine unsichtbare Form von Masse, die nicht mit Licht interagiert, aber durch ihre Gravitation die Bewegung von Galaxien beeinflusst. Ohne sie würden Galaxien auseinanderdriften – sie ist das unsichtbare Gerüst des Universums.

Dunkle Energie hingegen wirkt wie eine abstoßende Kraft, die das Universum beschleunigt auseinandertreibt. Sie macht etwa 68 % der gesamten Energie des Kosmos aus – und wir wissen fast nichts über sie. Sie scheint der Treiber der beschleunigten Expansion des Universums zu sein.

Doch was, wenn sie nicht ewig wirkt?
Was, wenn Dunkle Energie kein statisches Prinzip ist – sondern ein **Teil eines größeren Atems?**

Vielleicht ist die gegenwärtige Expansion nur eine Phase in einem übergeordneten Rhythmus.
Wie Ebbe und Flut, wie Ein- und Ausatmen – könnte auch das Universum **pulsieren.**
Dunkle Energie wäre dann nicht die ewige Triebkraft, sondern **eine Bewegung innerhalb des göttlichen Gleichgewichts.**
Eine Dehnung, der eine Rückkehr folgen wird.

Vielleicht ist Dunkle Energie nicht der Ursprung der Bewegung – sondern die Reaktion auf eine tiefere Frage.

Spirituell betrachtet könnten dunkle Materie und dunkle Energie für das stehen, was jenseits unserer Wahrnehmung liegt. Sie erinnern uns daran, dass das Sichtbare nur ein kleiner Teil der Wirklichkeit ist – und dass das Wesentliche oft im Verborgenen liegt.

Vielleicht ist Dunkle Energie die „Hand Gottes", die das Universum bewegt – **nicht für immer hinaus**, sondern bis zur Erkenntnis.

Und Dunkle Materie das Fundament, auf dem sich alles aufbaut – still, stark und geheimnisvoll.

Wie eine Erinnerung an das, was war – und an das, was wieder werden wird.

Illustration: „Energie, die wir nicht verstehen – und doch Teil der Summe von 1."

Beschreibung: *Zwei Galaxien umkreisen eine goldene Energiequelle – leuchtend, doch undefiniert. Es ist das Symbol für das, was wir nicht greifen können: Dunkle Energie, Dunkle Materie. Sie erscheinen uns fremd, rätselhaft, unsichtbar – und doch tragen sie das Universum. Ohne sie gäbe es keine Struktur, keine Bewegung, keine Expansion.*

Die Darstellung macht sichtbar, was der Verstand nicht fassen kann: dass das Unsichtbare nicht das Unwirkliche ist. Und dass das Unbekannte **trotzdem zur Ganzheit gehört.**

Diese Energie ist auch Teil der Summe von 1.

Im Zentrum dieser Idee steht der Gedanke, dass auch das Unverständliche göttlich ist – weil es Teil der Energie ist, die wir Gott = 1 nennen.
Es ist keine Lücke des Wissens, sondern ein Teil des Musters.
Und vielleicht sind gerade jene Kräfte, die wir nicht erklären können, die Schlüssel zur Frage, die allem zugrunde liegt.

8.4 Das Wurmloch – eine „Abkürzung durch den Raum?"

Wir werden nie in der Lage sein, in ferne Sonnensysteme oder gar andere Galaxien zu reisen. Die Entfernungen im Universum und die Begrenzung durch die Lichtgeschwindigkeit setzen unserer Vorstellungskraft klare physikalische Grenzen.

Durch den menschlichen Drang, andere intelligente Spezies zu finden, bedienen wir uns gerne der Welt der Science-Fiction. Dabei spielt das sogenannte „Wurmloch" oft eine zentrale Rolle – eine hypothetische Abkürzung durch Raum und Zeit, eine Verbindung zweier weit entfernter Punkte im Universum.

Doch bislang gibt es keinerlei empirische Beweise für die Existenz solcher Wurmlöcher. Die Theorie erlaubt zwar ihre Möglichkeit, doch ihr tatsächliches Vorkommen ist höchst fraglich. Ein Wurmloch – so, wie es gedacht ist – könnte nur in einem zweidimensionalen Raum sinnvoll abgebildet werden. In der Realität jedoch haben wir es mit einem vierdimensionalen Raum-Zeit-Kontinuum zu tun.

Die Vorstellung einer stabilen Passage zwischen zwei Raum-Zeit-Punkten widerspricht der bekannten Dynamik von Expansion (Big Bang) und Kontraktion (Big Crunch) im Universum.

Auch aus spiritueller Sicht scheint ein solches Konzept keinen höheren Sinn zu erfüllen.
Ein Wurmloch hätte für das Universum und das Leben darin keinen erkennbaren Nutzen – weder evolutionär noch schöpferisch.

Die Suche nach Gott oder nach anderen denkenden Wesen erfordert keine Abkürzung durch den Raum, sondern eine Öffnung des Geistes.

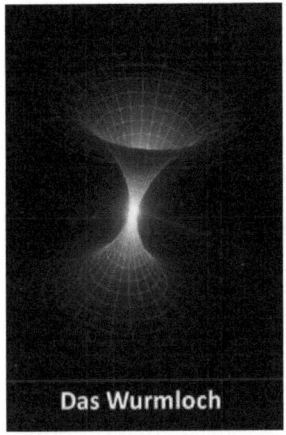

Das Wurmloch

Illustration: Das Wurmloch – Verbindung oder Illusion?

Beschreibung: *Ein leuchtender Übergang zwischen zwei Räumen – mathematisch denkbar, visuell vorstellbar, physikalisch unbestätigt. Ein Brückenschlag durch Raum und vielleicht sogar Zeit.*

Diese Darstellung zeigt das Wurmloch in seiner ikonischen Form – als Tunnel zwischen zwei Punkten im Raum-Zeit-Kontinuum. Eine Abkürzung, eine Brücke, ein Übergang, der bisher nur auf dem Papier existiert.
In der Theorie möglich – in der Realität (noch) nicht beobachtet.

Vielleicht sind Wurmlöcher **eine Erinnerung an die Idee**, *dass die Schöpfung mehr ist als Linearität.*
Dass es in den Tiefen der Raumzeit Orte gibt, wo sich Wege kreuzen, anstatt zu folgen.
Und doch – im Sinne dieses Werkes – könnte das Wurmloch auch eine **Projektion des menschlichen Wunsches nach Verbindung** *sein. Ein Symbol für das Bedürfnis, den Abstand zwischen den Sternen zu überbrücken, ohne den Weg dazwischen zu gehen.*

Vielleicht ist das Wurmloch kein physischer Durchgang – sondern ein Bild dafür, dass das Universum selbst nach Abkürzungen sucht, um sich zu erkennen.

In einem Werk, das die Balance, den Kreislauf und das Prinzip 1 betont, steht das Wurmloch daher **nicht im Zentrum** *– sondern als* **mögliche Idee am Rand der Erkenntnis.**

8.5 Quantenphysik und geistige Verbindung

Die Quantenphysik ist das vielleicht rätselhafteste Feld der modernen Naturwissenschaft. Sie beschreibt eine Realität, in der Teilchen zugleich Welle und Materie sein können, in der ein Objekt an mehreren Orten gleichzeitig existieren kann – und in der die blosse Beobachtung eines Phänomens dessen Ausgang beeinflusst.

Eines der faszinierendsten Konzepte ist das der Verschränkung: Zwei Teilchen, die miteinander in Verbindung standen, bleiben über beliebige Entfernungen hinweg miteinander verknüpft. Eine Veränderung am einen beeinflusst sofort das andere – unabhängig von Raum und Zeit. Albert Einstein nannte es „spukhafte Fernwirkung".

Doch was wäre, wenn diese Verschränkung nicht nur für Teilchen gilt – sondern auch für Gedanken? Für Seelen? Für Bewusstsein?

Die Vorstellung, dass alles im Universum auf tiefster Ebene miteinander verbunden ist, ist nicht nur eine spirituelle Idee – sie gewinnt durch die Quantenphysik neue wissenschaftliche Plausibilität. Vielleicht existiert ein geistiges Feld – eine Art kosmisches Bewusstseinsnetzwerk – in dem jede denkende Energie eingebettet ist.

Diese Verbindung könnte erklären, warum Gedanken Wirkung entfalten – auch ohne Worte. Warum Intuition existiert. Warum sich Seelen über grosse Entfernungen hinweg erkennen.

Die Quantenphysik liefert keine endgültigen Antworten auf spirituelle Fragen – aber sie öffnet Türen. Sie zeigt uns, dass die Welt komplexer ist, als wir dachten. Und vielleicht auch durchdrungener von Bewusstsein, als wir bisher zu glauben wagten.

Illustration: Quantenphysik und geistige Verbindung

„jede Verbindung beginnt nicht mit Materie – sondern mit Möglichkeit."

Beschreibung: *Drei Symbole – ein Atom, ein strahlender Quantenkern und ein Gehirnfeld aus Lichtverbindungen – stehen nebeneinander wie Stufen einer Erkenntnisreise. Die Illustration zeigt, dass zwischen Mikrokosmos und Bewusstsein kein unüberwindbarer Abgrund liegt, sondern ein fließender Übergang.*

Was die Quantenphysik offenbart, erinnert an spirituelle Einsichten: Teilchen, die über Raum hinweg miteinander verbunden sind. Zustände, die sich erst durch Beobachtung manifestieren. Möglichkeitsräume, in denen Information der Wirklichkeit vorausgeht.

Vielleicht ist geistige Verbindung nichts anderes als die feinste Form der Verschränkung.

Diese Darstellung lädt ein, das Trennende zwischen Wissenschaft und Geist nicht länger als Gegensatz zu sehen – sondern als Resonanz. Denn was auf tiefster Ebene schwingt, verbindet alles: Energie, Materie, Bewusstsein.

Am Ursprung steht nicht das Beobachtete, sondern der Beobachter – nicht die Wirkung, sondern die Möglichkeit, dass etwas überhaupt in Erscheinung tritt.

8.6 Schwingung und Struktur – Die Sprache der Strings

In der Tiefe der Materie – jenseits von Atomen, jenseits von Quarks – beginnt die Theorie der Strings.

Sie beschreibt das Universum nicht mehr als Ansammlung fester Teilchen, sondern als ein Gewebe aus **Schwingung**.
Nicht das, *was ist*, ist grundlegend – sondern *wie es schwingt.*

Diese Theorie – faszinierend und noch immer unvollständig – sagt:
Am Ursprung jedes Teilchens, jeder Kraft, jeder Form steht ein winziger, vibrierender Faden aus Energie.
Ein String.

Die Unterschiede zwischen Licht und Materie, zwischen Masse und Leere, zwischen Kraft und Form – sie ergeben sich allein aus der **Art der Schwingung**.
So wie aus einer Saite unterschiedliche Töne entstehen,
so entstehen aus den Strings die Elemente der Wirklichkeit.

Das Universum ist vielleicht kein Mechanismus – sondern eine Melodie.

Diese Vorstellung ist nicht nur ein physikalisches Modell.
Sie ist eine Einladung zum Staunen –
denn sie verbindet etwas scheinbar Technisches mit etwas zutiefst Spirituellem.

Wenn alles, was existiert, eine Schwingung ist,
dann ist auch Bewusstsein eine Form dieser Bewegung.
Dann ist auch Erinnerung, Intuition, Erkenntnis Teil einer
kosmischen Harmonie.

Und wenn Gott = 1 ist –
die Summe aller Energie, die denkende Einheit –
dann sind diese Schwingungen vielleicht nichts anderes als die
Sprache Gottes.
Kein gesprochenes Wort.
Sondern eine Struktur in Bewegung.
Eine Information, die tanzt.

Illustration: Die Schwingung im Kosmos

„Im Anfang war weder das Licht noch das Wort –
sondern der Ton,
der das Universum in Schwingung versetzte."

Beschreibung: *Die Illustration zeigt eine leuchtende Welle – eingebettet in konzentrische Kreise, die sich durch den Raum ausbreiten. Diese Darstellung steht für die Schwingung als Urprinzip allen Seins. Keine Figur, keine Materie, kein Licht – nur Bewegung. Schwingung als Sprache des Universums.*

Bevor Licht entstand, war da Energie – formlose, vibrierende Gegenwart. Und vielleicht war diese erste Form der Ausdruck eines göttlichen Impulses. Kein Wort, kein Gedanke – sondern ein Ton.

Der Ton als Ursprung – nicht hörbar, sondern wirkend.

Die Welle in dieser Darstellung erinnert uns daran, dass nicht die sichtbare Form, sondern das Muster, das sie erzeugt, das Wirkliche ist. Alles, was existiert, schwingt – in Resonanz mit dem Ganzen. Und vielleicht ist diese Schwingung selbst das, was wir „Gott" nennen: nicht als Person, sondern als Bewegung der Einheit in sich selbst.

9. Kosmos und Energie – Erweiterbare Themen

Die Summe der Energie ist eins – doch die Wege, auf denen sich diese Energie entfaltet, sind unendlich.
In der Tiefe des Raumes, in der Struktur der Zeit, im Tanz der Teilchen und im stillen Leuchten der Sterne:
Überall dort wirkt etwas, das über das Sichtbare hinausgeht.

Dieses Kapitel versammelt Gedanken, Theorien und Impulse, die weder abgeschlossen noch vollständig sind –
sondern Einladungen zum Weiterdenken.

Hier beginnt kein System – hier öffnet sich ein Raum:
für das Staunen über Symmetrien, über Fraktale, über Zufall und Notwendigkeit.
Für das Fragen nach dem inneren Sinn von Ordnung.
Und für die leise Ahnung, dass Energie nicht nur bewegt –
sondern Bedeutung trägt.

Vielleicht ist der Kosmos nicht nur eine Maschine.
Vielleicht ist er eine Sprache.

Und vielleicht – so wie jedes Wort eine Schwingung ist –
ist auch jedes Muster im Universum ein Ausdruck geistiger Resonanz.

9.1 Zufall oder Gesetz?

Ist das Universum ein Uhrwerk – oder ein Spiel?
Ist alles, was geschieht, unausweichlich – oder offen?

In der Physik gibt es klare Gesetze. Die Gravitation, die Thermodynamik, die Lichtgeschwindigkeit –
sie lassen keinen Zweifel an der mathematischen Struktur des Kosmos.
Und doch stossen wir in der Quantenphysik auf Wahrscheinlichkeiten.

Teilchen, die auftauchen oder verschwinden. Zustände, die erst beim Beobachten festgelegt werden.
Wirklichkeiten, die nicht determiniert, sondern möglich sind.

Ist das also Zufall? Oder ein anderes Gesetz, das wir noch nicht kennen?

In der spirituellen Dimension begegnet uns die Idee des „Schicksals".
Eines Musters, das unser Leben durchwirkt – mal sichtbar, mal verborgen.
Aber auch hier bleibt die Frage: Wird unser Weg vorgegeben – oder geformt durch unsere Entscheidungen?

Vielleicht ist der Unterschied zwischen Zufall und Gesetz nicht absolut.
Vielleicht ist der Zufall die Bewegung im Gesetz –
ein Spielraum innerhalb der Struktur.
Eine Art schöpferische Lücke,
in der Freiheit, Kreativität, Neues entstehen kann.

So wie Musik nicht aus Noten besteht – sondern aus dem Spiel zwischen ihnen –
so besteht das Universum vielleicht nicht nur aus Gesetzen, sondern aus dem lebendigen Rhythmus zwischen Ordnung und Überraschung.

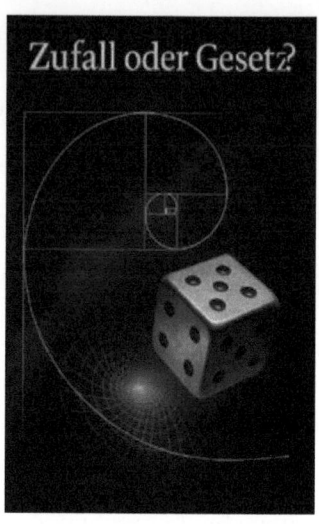

Illustration: Zufall oder Gesetz?

„Vielleicht ist der Zufall nur das Spiel des Gesetzes mit sich selbst."

Beschreibung: *Die Illustration zeigt ein geometrisches Muster aus leuchtenden Linien, das sich wie ein goldener Würfel in den Kosmos einfügt – halb geordnet, halb durchlässig. Sie symbolisiert das Spannungsfeld zwischen Struktur und Freiheit, zwischen Ordnung und Möglichkeit.*

In dieser Darstellung wird der Zufall nicht als Chaos begriffen – sondern als lebendiger Spielraum im Rahmen eines größeren Gesetzes. So wie ein Würfelwurf mathematisch modellierbar, aber nicht vorhersagbar ist, könnte auch das Universum **zwischen Plan und Offenheit** *atmen.*

Vielleicht ist das Gesetz nicht starr – sondern tanzend.

Diese Illustration lädt ein, das vermeintlich Gegensätzliche als Einheit zu begreifen. Denn möglicherweise ist genau dieser Zwischenraum – zwischen Berechnung und Überraschung – der Ort, an dem das Universum sich selbst weiterdenkt.

9.2 Symmetrie im Universum – Die stille Ordnung

Wenn wir das Universum betrachten – im Grossen wie im Kleinen – stossen wir immer wieder auf Symmetrie.
In den Spiralarmen einer Galaxie ebenso wie in der Form eines Schneekristalls.
In der Struktur von DNA, in der Doppelhelix, in den Magnetfeldern von Planeten und im Aufbau der Quantenwelt.

Überall wirkt eine stille Ordnung. Eine Spiegelung, eine Balance, ein geheimes Mass.

Warum ist das so?

Die Physik spricht von Erhaltungssätzen – Energie, Impuls, Ladung – sie bleiben erhalten, weil das Universum symmetrisch ist.
Diese Symmetrie ist keine Ästhetik, sondern eine Grundbedingung für Beständigkeit.
Ohne sie gäbe es keine Stabilität, keine Form, kein Gesetz.

Aber warum ist das Universum so gebaut?

Vielleicht, weil Symmetrie mehr ist als ein physikalischer Effekt.
Vielleicht ist sie ein Ausdruck von etwas Tieferem – einer Art geistigem Gleichgewicht.
Ein Prinzip, das sowohl Ordnung schafft als auch Schönheit.

In vielen spirituellen Lehren gilt das Gleichmass als Zeichen des Göttlichen.
Das, was vollkommen ist, ist symmetrisch – im Körper, im Klang, im Gedanken.
Vielleicht ist Symmetrie deshalb so berührend:
weil sie uns an etwas erinnert, das wir tief in uns kennen.
Etwas, das grösser ist als wir – und doch durch uns wirkt.

Und vielleicht ist auch der Mensch Teil dieser Symmetrie.
Nicht nur äusserlich – mit zwei Händen, zwei Augen, zwei Hirnhälften –
sondern innerlich: zwischen Ratio und Gefühl, zwischen Wille und Empfänglichkeit.
Vielleicht ist der Mensch selbst ein Symbol für das Gleichgewicht.

Und vielleicht ist das, was wir als „Gott" bezeichnen,
nicht irgendwo ausserhalb –
sondern in der stillen Ordnung der Symmetrie sichtbar geworden.

SYMMETRIE IM UNIVERSUM
DIE STILLE ORDNUNG

Illustration: Symmetrie im Universum – Die stille Ordnung
„Ordnung, die nicht ruft, sondern atmet."

Beschreibung

Diese Illustration zeigt eine goldene, symmetrische Lichtform, eingebettet in die Tiefe des Kosmos. Sie erinnert an eine leuchtende Rosette, deren Muster sich in alle Richtungen fortsetzt – geordnet, harmonisch, still. Die feinen Linien deuten auf ein verborgenes Gesetz hin, das allem innewohnt: Symmetrie als Ausdruck von Balance, Schönheit und innerer Struktur.

In der Natur zeigt sich Symmetrie in Blüten, Kristallen, Galaxien. In der Physik ist sie Grundlage für Erhaltungssätze und fundamentale Kräfte. Doch jenseits der Wissenschaft ist sie vielleicht auch das stille Echo einer tieferen Ordnung – einer geistigen Struktur, die der Schöpfung zugrunde liegt.

Vielleicht ist Symmetrie nicht nur ein mathematisches Phänomen – sondern ein Abdruck des Göttlichen.

Diese Darstellung lädt dazu ein, das Universum nicht nur als zufälliges Ereignis zu begreifen, sondern als bewusst gestaltete Komposition. Eine stille Ordnung, die sich nicht aufzwingt – sondern in Resonanz schwingt mit allem, was ist.

9.3 Fraktale – Die Signatur der Schöpfung

Wenn wir tief in die Strukturen der Natur blicken, offenbart sich etwas Erstaunliches:

Muster, die sich wiederholen. Formen, die sich selbst ähneln – in jeder Grössenordnung.

Ein Farnblatt, ein Blitz, ein Flussdelta, ein Lungenflügel, ein

Schneeflockenmuster.
Alles scheint nach einem geheimen Bauplan gewoben – einem Bauplan, den man Fraktal nennt.

Fraktale sind geometrische Formen, die sich auf jeder Skala selbst ähneln.
Vergrössert man einen kleinen Teil, erkennt man die ganze Struktur wieder.
Es ist, als würde sich die Ordnung des Ganzen im Kleinsten widerspiegeln –
wie ein Abdruck des Kosmos in jedem Teilchen.

In der Mathematik sind Fraktale faszinierende Gebilde – unendlich komplex und dennoch formelhaft beschreibbar.
Aber was, wenn Fraktale mehr als nur mathematische Konstrukte sind?

Was, wenn sie die Handschrift der Schöpfung tragen?

Vielleicht ist die fraktale Struktur ein Hinweis darauf,
dass das Universum nicht linear, sondern rhythmisch, selbstähnlich, organisch aufgebaut ist.
Dass sich das Eine im Vielen ausdrückt – und das Grosse im Kleinen.

Auch im Geistigen finden wir fraktale Muster.
Gedanken, die sich spiralförmig entwickeln. Erinnerungen, die sich wiederholen.
Beziehungen, die sich gleichen, obwohl sie neu erscheinen.
Vielleicht ist sogar das Bewusstsein selbst fraktal aufgebaut – ein sich selbst reflektierendes System aus Ebenen, Spiegeln und Schwingungen.

Wenn dem so ist, dann ist das Universum nicht nur ein Raum der Bewegung,
sondern ein Raum der Wiederholung mit Variation.
Ein Kunstwerk, das in jeder Linie seine Quelle erkennen lässt.

Fraktale könnten also die Signatur einer schöpferischen Intelligenz sein.

Nicht als Beweis – sondern als Einladung, tiefer zu sehen.

Und zu erkennen:

Was lebt, ist nicht zufällig –

sondern einer tieferen Ordnung entsprungen, die sich selbst liebt, indem sie sich wiederholt.

Illustration: Fraktale

Die Signatur der Schöpfung in Form kosmischer Selbstähnlichkeit und geheimnisvoller Ordnung

Beschreibung: *Die Schriftzeichen im Bild erinnern an eine künstlerisch gestaltete Fantasieschrift, wie man sie häufig in fraktaler Kunst, surrealen Darstellungen oder „sacred geometry"-Illustrationen findet. Sie ist nicht Teil einer realen Sprache, sondern dient als visuelles Symbol – ähnlich wie Runen, kalligraphische Codes oder mystische Glyphen.*

Die Wirkung ist bewusst offen gehalten – um etwas Transzendentes, Universelles oder Kosmisches zu vermitteln, das sich der rationalen Sprache entzieht. Oft wird so ein Stil verwendet, um:

- *das Unlesbare als Zeichen des Unaussprechlichen zu zeigen*

- *einen kosmischen Code oder eine verlorene Sprache anzudeuten*

9.4 Der Klang des Universums

Man sagt, das Universum sei still. Kein Geräusch durchdringt das Vakuum zwischen den Sternen.

Und doch gibt es einen Klang – nicht hörbar für unsere Ohren, aber fühlbar in der Schwingung allen Seins.

Schon in den frühen Kulturen glaubte man an den Urklang – den „tonlosen Ton", den kosmischen Obertakt, aus dem alles hervorgegangen ist.

Die indischen Veden nennen ihn „OM" – das Ursymbol für das schöpferische Prinzip, aus dem Universum, Zeit und Energie entstehen.

Die alten Griechen glaubten an die „Sphärenmusik", die Harmonie der Planetenbahnen.

Und auch in der modernen Physik taucht der Klang wieder auf – als Schwingung von Strings, als Resonanz im Quantenfeld, als Gravitationswellen in der Raumzeit.

Vielleicht ist das Universum ein Instrument – und jede Form von Materie, Energie, Bewusstsein ist nur ein Ton darin.

Ein Teil einer Symphonie, die niemand vollständig hören, aber jeder mitgestalten kann.

Auch unsere Gedanken erzeugen Schwingungen.
Unsere Emotionen haben eine Frequenz.
Vielleicht ist jedes Gebet, jede Hoffnung, jeder Akt der Liebe ein leiser Klang, der das kosmische Feld berührt.

Und vielleicht ist auch Gott – die Summe der Energie – nicht nur Licht, sondern auch Ton.
Nicht im Sinn von Lautstärke – sondern als geistige Vibration, die durch alle Dimensionen fliesst.

Unsichtbar, unhörbar, aber tief spürbar –
wenn wir still genug sind, um hinzuhören.

Vielleicht ist das, was wir als „Intuition" erleben,
nur ein Flüstern des Universums –
ein Echo eines grösseren Klanges,
der durch unser innerstes Wesen schwingt.

Illustration: Der Klang des Universums

„Was wir als Leere empfinden, könnte ein Lied sein – das wir noch nicht gelernt haben zu hören."

Beschreibung: *Diese Darstellung zeigt ein leuchtendes Zentrum, das von harmonischen Wellen durchdrungen ist – wie Licht, das sich in Klang verwandelt. Die Linien kreisen, pulsieren, überlagern sich, als würden sie den Klang der Schöpfung selbst sichtbar machen.*

Diese Illustration erinnert daran, dass das Universum nicht stumm ist. Seit dem Urknall trägt es eine Signatur in sich – eine Hintergrundstrahlung, eine Schwingung, ein Echo, das bis heute durch

Raum und Zeit zieht. Vielleicht ist diese Schwingung nicht nur physikalisch messbar, sondern auch **spirituell spürbar.**

Vielleicht sind wir nicht Beobachter des Universums – sondern Teil seiner Melodie.

Der Klang des Universums ist kein Geräusch im herkömmlichen Sinn, sondern eine Resonanz der Existenz selbst. Eine Frequenz der Erinnerung – und eine Einladung zum Lauschen. Denn wer genau hinhört, erkennt vielleicht: Auch unser eigenes Dasein ist eine Stimme in diesem kosmischen Chor.

10. Grenzbereiche und metaphysische Konzepte

Es gibt einen Bereich in unserem Denken, der sich nicht messen,
nicht berechnen und nicht eindeutig beweisen lässt –
und doch drängt er sich immer wieder auf.
Es ist der Grenzbereich.
Dort, wo das Bekannte endet – und das Mögliche beginnt.

Metaphysische Konzepte existieren nicht, weil sie bewiesen sind,
sondern weil sie gefragt werden.
Was ist Bewusstsein?
Was ist Seele?
Was ist das Ich, das sich selbst beim Denken zuschaut?

In diesen Grenzbereichen begegnen sich Physik und Philosophie,
Mystik und Mathematik.
Hier beginnt das Gespräch über Dinge wie:

Multiversen – parallele Wirklichkeiten mit anderen Möglichkeiten

Nichtlokalität – Gedanken oder Informationen, die ohne
materielle Verbindung synchron schwingen

Zeitschleifen – Strukturen, in denen Vergangenheit und Zukunft
sich begegnen

Existenzebenen – Wirklichkeiten, die nicht physikalisch, sondern
energetisch oder geistig organisiert sind

Seelenreisen, Nahtoderfahrungen, Rückführungen – Berichte, die
sich nicht „beweisen", aber auch nicht ignorieren lassen

Diese Konzepte sind keine Antworten – sie sind Türen.
Und manche von ihnen führen in Räume, in denen Bewusstsein,
Raum und Zeit nicht mehr getrennt sind.
Wo Gedanken Wirklichkeit werden – und das Universum nicht
aussen, sondern innen beginnt.

Vielleicht ist genau dieser Grenzbereich der Ort,
an dem sich der Mensch dem Göttlichen nähert.

Nicht durch Wissen – sondern durch Ahnung.
Nicht durch Kontrolle – sondern durch Hingabe.

In einer Welt, in der vieles erklärt wurde,
dürfen wir das Unaussprechliche nicht vergessen.

10.1 Nahtoderfahrungen – bewusstsein am Rand der Existenz

Es gibt Momente, in denen das Leben auf der Kippe steht – und der Tod fast greifbar ist.
Menschen, die klinisch tot waren oder sich in extrem lebensbedrohlichen Zuständen befanden, berichten oft von erstaunlich ähnlichen Erfahrungen:
Ein Gefühl des Losgelöstseins vom Körper.
Ein Licht – hell, aber nicht blendend.
Ein Tunnel.
Eine allumfassende Liebe.
Ein Rückblick auf das gelebte Leben in unglaublicher Geschwindigkeit und Tiefe.
Ein Moment, der nicht nur Zeit und Raum übersteigt – sondern das Gefühl hinterlässt: „Ich war mehr als nur mein Körper."

Diese sogenannten Nahtoderfahrungen (NDEs) sind weltweit dokumentiert – über Kulturen, Religionen und Zeitalter hinweg. Sie gleichen sich in ihren Grundmustern, auch wenn sie sich individuell unterschiedlich ausdrücken.

Die Wissenschaft tut sich schwer damit.
Einige deuten diese Erlebnisse als neurologische Reaktionen des Gehirns in Extremsituationen: Sauerstoffmangel, Endorphinausschüttung, ein letzter Aufblitz des Bewusstseins.
Andere halten sie für reine Halluzinationen.
Und doch bleiben viele Fragen offen:

Warum berichten so viele Menschen unabhängig voneinander von ähnlichen Inhalten?

Wie ist es möglich, dass manche während klinischer Bewusstlosigkeit Details aus dem OP-Saal beschreiben konnten?

Was bedeutet es, wenn sich das Ich vom Körper lösen kann – und das Bewusstsein dabei klarer, nicht diffuser wird?

Spirituell gesehen könnten Nahtoderfahrungen ein Blick hinter den Schleier sein – ein kurzer Eintritt in eine andere Seinsform. Vielleicht ist der Tod nicht das Ende, sondern ein Übergang. Ein Schwellenmoment, in dem die denkenden Energien sich lösen –

und in eine neue Form übergehen.

Vielleicht zeigen uns diese Erfahrungen, dass Bewusstsein nicht an Materie gebunden ist.
Dass wir mehr sind als unsere Biologie.
Und dass das, was wir „Ich" nennen, weiter schwingen kann – auch jenseits der physischen Grenzen.

In diesen Berichten geht es nicht um Beweise – sondern um Hinweise.
Um persönliche Wahrheiten, die mit einer Tiefe erlebt wurden, die niemandem abgesprochen werden kann.

Vielleicht flüstert das Universum in diesen Momenten:
„Du bist nicht allein. Und du bist nicht nur das, was vergeht."

Illustration: Mystische Nahtoderfahrung – Licht, Übergang und Transzendenz

10.2 Multiversum? – Warum zwei Universen genug sind

In der modernen Physik und Science-Fiction hat sich ein Konzept verbreitet, das den Verstand ebenso herausfordert wie die Vorstellungskraft: das **Multiversum.**
Ein Modell, das von **unendlich vielen Universen** ausgeht – Parallelwelten, in denen jede Entscheidung, jede Möglichkeit in einer eigenen Realität existiert.

Doch dieses Bild, so faszinierend es auch ist, passt **nicht** zu der grundlegenden Idee, die diesem Werk zugrunde liegt.

Wenn wir davon ausgehen, dass **die Summe aller Energie = 1** ist,
und dass diese eine Einheit die göttliche Essenz repräsentiert – dann gibt es **keinen Raum für unendliche Aufspaltungen.**

Denn jede neue Realität, jedes zusätzliche Universum würde Energie verbrauchen –

und damit den Gesamtwert verändern.
Aber dieser bleibt in diesem Modell immer konstant:

1 = Gott = die Summe aller Energie

Das bedeutet:

Es gibt keine Vielzahl von Ursprungspunkten

Keine unzähligen parallelen Entscheidungen mit ebenso
vielen kosmischen Entfaltungen

Es gibt zwei Welten, die aus dem göttlichen Impuls
hervorgehen:
Ein Universum aus Materie – und ein Universum aus
Antimaterie

Diese beiden Pole – in perfektem Gleichgewicht – spiegeln die
innere Logik der Schöpfung wider.
Sie sind **komplementär, nicht konkurrierend.**
Sie durchdringen sich nicht, sondern **wirken synchron,**
aus der Mitte ihres Ursprungs – der **Energiequelle 1.**

10.3 Ein anderes Verständnis von „Multiversum"

Kein beliebiges Nebeneinander unzähliger Realitäten –
sondern eine **Dualität innerhalb der Einheit.**
Zwei Schwingungen derselben Quelle.
Zwei Ausdrucksformen eines einzigen Seins.

Es braucht nur das **eine Prinzip – und seine zwei Spiegel:**

Gott   = 1

Materie   = 0,5
Antimaterie   = 0,5

Summe   = 1

Und das genügt.

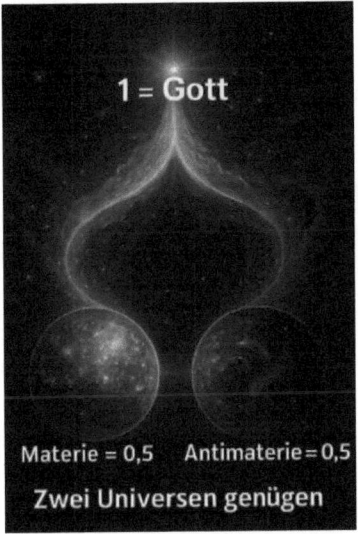

Illustration: Das eine Prinzip – und seine zwei Spiegel

10.4 Synchronizität – Wenn das Universum antwortet

Manchmal geschehen Dinge, die scheinbar bedeutungslos sind –
und doch treffen sie uns auf eine Weise, die zu tief geht, um
Zufall zu sein.

Du denkst an eine bestimmte Person – und sie ruft dich an. Du
beschäftigst dich mit einem Thema – und genau dazu findest du
zufällig ein Buch. Ein Symbol, ein Lied, eine Begegnung – zur
genau richtigen Zeit.

Die Psychologie nennt solche Phänomene Synchronizität – ein Begriff, geprägt von Carl Gustav Jung, der damit das Auftreten bedeutungsvoller Zufälle beschreibt, die nicht kausal erklärbar, aber innerlich verbunden sind.

Es geht dabei nicht um Ursache und Wirkung – sondern um einen tieferen Zusammenhang, der sich ausserhalb der messbaren Logik zeigt. Ein Moment, in dem das Aussen und das Innen plötzlich in Resonanz geraten.

Vielleicht ist es das Universum, das antwortet. Nicht mit Worten – sondern mit Zeichen. Nicht in Sätzen – sondern in Konstellationen.

Diese Art von Verbindung lässt sich nicht beweisen – aber sie lässt sich erfahren. Sie berührt eine Ebene des Daseins, in der das Bewusstsein eingebettet ist in ein grösseres Feld: ein geistiges Netz, das Informationen trägt, Impulse lenkt und Bedeutungen entstehen lässt.

Für viele ist Synchronizität ein Hinweis auf eine verborgene Ordnung –
eine unsichtbare Intelligenz, die mehr weiss als wir, weil sie nicht an Zeit und Raum gebunden ist.

In der Sprache dieses Buches liesse sich sagen:
Synchronizität ist die denkende Energie des Universums in Bewegung.
Ein Spiel von Information, Geist und Augenblick – und vielleicht:

ein leiser Gruss aus der Quelle.

Illustration: Synchronizität – die verborgene Ordnung

Beschreibung: Symbolische Darstellung von Synchronizität im kosmischen Zusammenhang

10.5 Seelenreisen und Rückführungen – Reise durch das Unsichtbare

Es gibt Erfahrungen, die sich nicht durch klassische Wissenschaft erklären lassen – aber dennoch tief in das Bewusstsein eingreifen. Dazu gehören die **Seelenreisen** und sogenannten **Rückführungen** in vergangene Leben.

Menschen berichten davon, in einer Art Trance oder tiefem meditativen Zustand Szenen zu erleben, die nicht aus ihrem aktuellen Leben stammen können – aber mit erstaunlicher Klarheit, emotionaler Tiefe und oft sogar historischen Details verbunden sind.

Sie „sehen" sich selbst in anderen Körpern, Zeiten und Orten. Sie „erleben" andere Existenzen – als Kind, als Soldat, als Heilerin, als Mensch eines anderen Kulturkreises.

Und häufig tragen sie nach solchen Erfahrungen ein Gefühl der inneren Klärung in sich – als hätten sie eine **Antwort auf ein altes, unbewusstes Fragezeichen** erhalten.

Was geschieht hier?

Eine Erklärung könnte lauten:
Diese Reisen sind **Ausdruck des kollektiven Gedächtnisses,** eine Verbindung zur **denkenden Energie,** die nicht nur an den jetzigen Körper gebunden ist – sondern eine Geschichte trägt.

In diesem Werk verstehen wir die Seele als **denkendes Energiefeld,** das nicht zerstört werden kann – und daher die Fähigkeit besitzt, sich **mehrfach zu verkörpern.** Was wäre, wenn Rückführungen genau diesen Übergang sichtbar machen?

Wenn die Seele sich nicht linear erinnert, sondern in **Schwingungsfeldern, in emotionalen Mustern** – und durch diese Verbindung das Jetzt beeinflusst?

Vielleicht sind Seelenreisen keine Fantasie – sondern ein Blick auf die vielen Formen, in denen sich die denkende Energie ausdrückt und weiterentwickelt.

Sie wären dann keine Rückblicke – sondern **Rückverbindungen.** Impulse aus anderen Stationen desselben Lichtes.

Ein Schritt über die Grenze – und ein Wiedererkennen dessen, was wir nie ganz vergessen haben.

Illustration: „Zurück in die Vergangenheit"

10.6 Die Sprache des Lichts – Information jenseits der Worte

Worte sind machtvoll – sie erschaffen, benennen, verbinden.
Aber sie stossen auch an Grenzen. Es gibt Dinge, die sich mit Sprache nicht fassen lassen –
Erlebnisse, Emotionen, Erkenntnisse, die sich dem Ausdruck entziehen.
Und dennoch sind sie real. Sie existieren – und sie wirken.

Vielleicht gibt es eine andere Form der Verständigung.
Eine, die jenseits von Buchstaben und Lauten liegt.
Eine, die direkt von Bewusstsein zu Bewusstsein fliesst.

Diese Form könnte man die Sprache des Lichts nennen.

Licht trägt Information.
Das wissen wir aus der Physik – etwa in der Quantenoptik und bei der Datenübertragung mittels Lichtimpulsen.
Aber auch spirituell wurde Licht immer als Träger von Erkenntnis gesehen –
als Symbol für Wahrheit, Klarheit und göttliche Präsenz.

Was, wenn Licht mehr ist als ein physikalisches Phänomen?
Was, wenn es eine universelle Sprache ist, die alles durchdringt?

Eine Sprache, die keine Grammatik braucht.
Die nicht gesprochen, sondern empfangen wird.
Nicht über das Ohr – sondern über das innere Spüren, das geistige Sehen.

In Zuständen tiefer Intuition, in Visionen, in Meditation, in Nahtoderfahrungen berichten Menschen oft von Licht –
nicht als blosse Helligkeit, sondern als intelligente Kraft.
Als etwas, das verstanden wird, ohne dass etwas gesagt wird.

Vielleicht ist dieses Licht Information pur –
direkt, unvermittelt, klar.
Eine Brücke zwischen Energie und Geist,
zwischen dem göttlichen Ursprung und der denkenden Energie.

Die Sprache des Lichts kennt keine Grenzen der Kultur, keine Übersetzung, kein Missverständnis.
Sie ist klar, weil sie ganz ist.
Sie wirkt durch Frequenz, durch Resonanz – nicht durch Definition.

Und wer ihr begegnet, erkennt nicht nur das Aussen –
sondern auch das eigene Innere.
Denn das Licht spricht nicht zu uns.
Es spricht aus uns.

Illustration: Die Sprache des Lichts

Beschreibung: *Symbolische Darstellung der Sprache des Lichts als Informationsebene zwischen Geist und Energie*

Ein Mensch steht im Dunkel des Universums, die Hand ausgestreckt zu einer Lichtgestalt, die aus purer Energie zu bestehen scheint. Die Szene ist durchdrungen von mystischer Stille – als würde hier keine Kommunikation über Worte, sondern über Schwingung, Licht und Resonanz stattfinden.

„Licht ist nicht nur Strahlung – es ist Bedeutung, Erinnerung, Bewusstsein."

Die Illustration deutet an, dass es Ebenen der Verständigung gibt, die jenseits unserer Sprache liegen. Eine universelle Kommunikation – getragen von Licht und geistiger Intuition. Vielleicht ist diese Form des Austauschs uralt, ursprünglicher als jede irdische Sprache – ein Dialog zwischen Energieformen, zwischen Seele und Quelle.

Hier wird das Licht zum Träger von Information, zum Bindeglied zwischen Geist und Schöpfung. Worte versagen – doch das Licht spricht weiter.

11. Zivilisation und Evolution

11.1 Die stille Geburt des Seins

Das Leben begann nicht mit einem Knall, sondern mit einem Flüstern. Nicht als spektakuläres Ereignis, sondern als stille Verheissung im Stoff des Universums. Es war kein Zufall, sondern eine Entfaltung – ein Werden aus dem Möglichen heraus, geführt von einem Prinzip, das mehr ist als nur Chemie und Physik: Ordnung im Chaos, Geist im Stoff.

In den Tiefen der frühen Erde – unter Druck, Hitze, Wasser und Zeit – formten sich aus einfachen Molekülen die ersten organischen Muster. Doch schon in diesen Anfängen lag etwas Grösseres verborgen: das Streben nach Form, das Sehnen nach Struktur, das Echo eines kosmischen Impulses. Die sogenannte „Ursuppe" war mehr als ein chemisches Milieu – sie war ein Spiegel des Potenzials zur Selbstorganisation. Als ob das Universum selbst eine Idee ins Leben bringen wollte.

Das Leben war keine Anomalie – es war eine Konsequenz. Denn sobald Energie in Beziehung tritt, beginnt sie zu gestalten. Und wo Gestaltung ist, da entsteht Richtung. Leben ist der Ausdruck dieser Richtung. Es ist die erste Spur von Erinnerung im Stoff, der erste Hauch von Sinn.

Mit der Zeit erhoben sich aus den Ozeanen der Stille Wesen, die nicht nur auf ihre Umgebung reagierten, sondern in Resonanz mit ihr traten. Die Evolution war dabei nicht bloss ein Mechanismus der Anpassung – sie war eine fortwährende Bewegung hin zu höherer Wahrnehmung, zu grösserer Komplexität, zu wachsender Innerlichkeit.

Im Menschen schliesslich wurde das Leben sich seiner selbst bewusst. Aus blossem Dasein wurde Frage. Aus Reaktion wurde Reflexion. Der Mensch trägt in sich die Geschichte des Universums – nicht nur als biologische Spur, sondern als geistige Möglichkeit. Er ist nicht nur ein Produkt der Evolution, sondern ihr Auge, ihr Ohr, ihr staunendes Herz.

Vielleicht ist das Leben nicht nur ein Zustand, sondern ein Übergang. Ein Kanal, durch den sich das Universum selbst zu erkennen beginnt. Und vielleicht ist es genau dieser Prozess, der dem Leben seine eigentliche Bedeutung verleiht: dass es fragt, bevor es antwortet.

DIE STILLE GEBURT DES SEINS
IM FLÜSTERN DES URMEERS
ENTSTEHT DIE VERHEISSUNG DES LEBENS

Illustration: „Im Flüstern begann das Leben"

Beschreibung: *Diese Illustration zeigt eine kosmische Landschaft in ruhigen Gold- und Blautönen. Inmitten eines stillen, dunklen Universums beginnt sich eine zarte Lichtform aus der Tiefe zu erheben — wie ein aufblühender Same im endlosen Raum. Spiralförmige Muster deuten auf das erste Anzeichen von Struktur hin: die Entfaltung von Energie in Form. Rund um diese leuchtende Mitte fließen Linien, die an DNS-Stränge und galaktische Nebel erinnern — sie symbolisieren die Verbindung von Mikrokosmos und Makrokosmos.*

„Nicht im Donner begann das Leben — sondern im stillen Impuls einer göttlichen Bewegung."

Dieses Bild steht sinnbildlich für den poetischen Kern des Kapitels: dass Leben nicht abrupt entstand, sondern als Ausdruck eines tieferliegenden Prinzips — getragen von Ordnung, Intelligenz und kosmischem Potenzial. Es ist eine visuelle Hommage an die stille, aber kraftvolle Geburt des Seins.

11.2 Intelligenz als Folge von Bewusstsein

Intelligenz wird oft als die Fähigkeit zur Problemlösung oder zur Anpassung an neue Situationen definiert. Doch diese Definition greift zu kurz. Intelligenz ist nicht nur ein Werkzeug, sondern ein Ausdruck von Bewusstsein. Sie entsteht nicht im luftleeren Raum, sondern ist das Ergebnis eines bewussten Erlebens und Verstehens der Welt.

Bewusstsein ermöglicht es, Erfahrungen zu sammeln, Muster zu erkennen und daraus Schlüsse zu ziehen. Ohne Bewusstsein wäre Intelligenz eine blosse Reaktion auf Reize, ohne Tiefe oder Kontext. Erst durch das bewusste Erleben erhält Intelligenz ihre Richtung und Bedeutung.

In der Evolution war es das Bewusstsein, das den Weg für höhere Formen der Intelligenz ebnete. Tiere mit einem höheren Mass an Bewusstsein zeigen komplexere Verhaltensweisen, lernen schneller und können sich besser an veränderte Umweltbedingungen anpassen. Beim Menschen erreichte diese Entwicklung einen Höhepunkt: Sein Bewusstsein erlaubt nicht nur das Lernen aus Erfahrung, sondern auch das Nachdenken über das eigene Denken – die Metakognition.

Diese Fähigkeit zur Selbstreflexion ist der Kern menschlicher Intelligenz. Sie ermöglicht es, nicht nur Probleme zu lösen, sondern auch Fragen zu stellen, die über das unmittelbare Überleben hinausgehen. Sie erlaubt es, über Vergangenheit und Zukunft nachzudenken, ethische Überlegungen anzustellen und Visionen für eine bessere Welt zu entwickeln.

Intelligenz ist somit nicht nur ein Produkt des Gehirns, sondern ein Ausdruck des bewussten Geistes. Sie ist nicht nur Mittel zum Zweck, sondern auch ein Spiegel des inneren Erlebens und der Suche nach Sinn.

Und genau in dieser Suche entspringt eine der ältesten und tiefsten Fragen des Menschseins: Warum bin ich?

Nicht: Was bin ich? Oder: Wie funktioniere ich? Sondern: Warum? Eine Frage, die nicht aus Instinkt entsteht, sondern aus einer existenziellen Tiefe, die nur ein bewusstes Wesen erreichen kann. Vielleicht ist es genau dieser Moment – **in dem Intelligenz sich ihrer selbst bewusst wird** – der das Menschsein ausmacht.

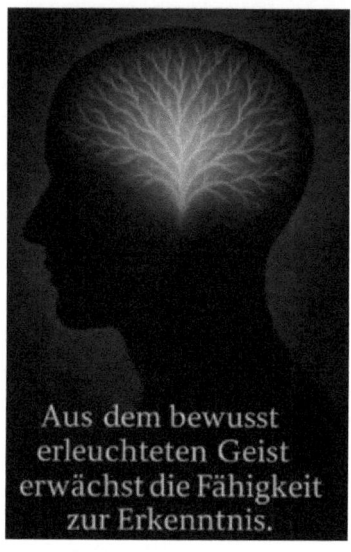

Illustration: „Der erwachte Geist – Intelligenz als Spiegel des Seins"

Beschreibung: *Die Illustration zeigt die Silhouette eines Menschen vor einem sternendurchwirkten Himmel. Aus dem Kopf erhebt sich ein leuchtendes Muster – filigrane Linien, die an neuronale Verbindungen und gleichzeitig an ein pulsierendes Energiefeld erinnern. Diese Linien steigen empor in die Weite des Kosmos, als ob das Denken selbst mit dem Universum kommuniziert.*

Ein zarter Lichtschein formt sich im Bereich der Stirn – Symbol für das erwachende Bewusstsein. Die Umgebung ist ruhig, fast still, und doch erfüllt von Spannung – wie ein Moment vor einer Erkenntnis.

„Aus dem bewusst erlebten Geist erwächst die Fähigkeit zur Erkenntnis."

Diese Darstellung bringt die Essenz des Textes zum Ausdruck: Intelligenz ist keine isolierte Funktion des Gehirns, sondern eine Manifestation des Geistes, der sich seiner selbst bewusst wird. Bewusstsein ist das Fundament – Intelligenz seine Resonanz im Denken, Fühlen und Handeln.

11.3 Die Rolle der Information

Information ist die unsichtbare Architektur allen Seins. Sie ist das, was Form aus dem Formlosen schafft, Bedeutung aus dem Chaos, Richtung aus dem Zustand völliger Freiheit. **Ohne Information gäbe es keine Struktur, keine Evolution, keine Zivilisation.**

In der Natur ist Information nicht nur das, was in Genen codiert ist, sondern sie ist in allem enthalten – im Verhalten von Teilchen, in den Gesetzen der Physik, im Muster der Evolution selbst. Information ist das Bindeglied zwischen Energie und Form, zwischen Ursache und Wirkung. Sie wirkt als Prinzip der Ordnung – nicht sichtbar, aber wirksam.

In der Zivilisation hat sich Information von einem natürlichen Prinzip zu einem bewussten Werkzeug entwickelt. Wir speichern, verarbeiten und übertragen sie – in Sprache, Schrift, Technologie. Unsere Evolution ist eng verknüpft mit der Fähigkeit, Information nicht nur passiv zu empfangen, sondern aktiv zu gestalten. Zivilisation entsteht dort, wo Information weitervererbt, bewusst erweitert und reflektiert wird.

Im digitalen Zeitalter hat sich die Geschwindigkeit und Reichweite von Information exponentiell erhöht. Doch mit der Masse an Daten wächst auch die Herausforderung, Bedeutung von Rauschen zu unterscheiden. Nicht Information allein ist Macht – sondern der bewusste Umgang mit ihr.

Information ist dabei nicht nur technische Ressource, sondern auch Ausdruck einer tieferen, geistigen Ordnung. Vielleicht ist sie mehr als nur ein Träger von Daten – vielleicht ist sie eine Form von Bewusstsein in Potenz. In jedem Bit, jedem Zeichen liegt nicht nur eine Beschreibung der Welt, sondern eine Möglichkeit, sie zu erkennen.

Künstliche Intelligenz spiegelt diesen Prozess wider: Sie verarbeitet Information auf eine Weise, die uns an menschliche Intelligenz erinnert. Doch besitzt sie kein Bewusstsein, kein Erleben. Sie zeigt vielmehr, wie weit Information alleine tragen kann – und wo sie an die Grenze des Geistes stösst. Der Mensch erschafft aus Information neue Systeme, doch das, was wir „Sinn" nennen, bleibt an Erfahrung gebunden. Und Erfahrung ist keine Maschine.

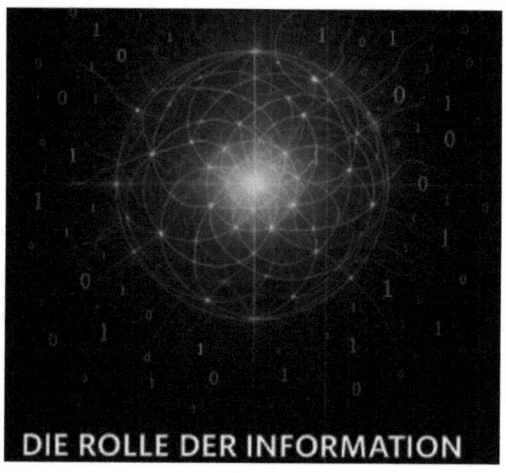

DIE ROLLE DER INFORMATION

Illustration: „Das Gewebe der Wirklichkeit – Information als Struktur der Existenz"

Beschreibung: *Die Illustration zeigt eine strahlende, leuchtende Quelle im Zentrum eines Netzwerks aus Linien, Symbolen und Zahlen. Dieses Netzwerk erinnert an neuronale Verbindungen, gleichzeitig aber auch an kosmische Muster – wie Sternenbahnen oder Energiefelder. Die Lichtlinien fließen in alle Richtungen, als ob sie Information durch Raum und Zeit senden.*

Im Hintergrund schwebt ein Hauch von Binärcode, der die Brücke zur modernen Interpretation von Information schlägt: Alles ist codierbar, lesbar, übertragbar. Und doch ist diese Information mehr als Technik – sie ist Geist in Bewegung.

„Information ist nicht nur Übertragung – sie ist Erinnerung, Verbindung, Schöpfung."

Diese Darstellung vermittelt die zentrale Idee des Abschnitts: Information ist das unsichtbare Bindeglied zwischen Bewusstsein, Materie und Energie. Sie ist nicht nur ein Werkzeug, sondern ein Prinzip – eine Form der Ordnung, die das Universum durchzieht und das Leben in Resonanz bringt mit dem Ursprung allen Seins.

11.4 Technologie versus Weisheit

Technologie ist die Kunst, Möglichkeiten zu verwirklichen. Sie entspringt dem menschlichen Verstand, der in der Lage ist, Muster zu erkennen, Zusammenhänge zu berechnen und Werkzeuge zu schaffen, die über seine eigenen Grenzen hinausweisen. In ihrer Essenz ist Technologie eine Verlängerung des Geistes – doch ohne Weisheit bleibt sie richtungslos.

Nie zuvor verfügte der Mensch über so viel Wissen – und so wenig innere Orientierung. Wir senden Signale in die Tiefen des Alls und verlieren uns im Rauschen des Alltags. Wir messen, was ist, aber spüren nicht mehr, was es bedeutet. Wir erschaffen Maschinen, die schneller lernen als wir – doch vergessen, wer wir sind.

Weisheit ist die Fähigkeit, Wissen in Einklang mit Sinn zu bringen. Sie fragt nicht nur, was wir tun *können*, sondern was wir *tun sollen*. Sie kennt die Begrenzung der Mittel und das Gewicht der Folgen. Weisheit atmet dort, wo Stille Raum bekommt, wo Fragen nicht sofort beantwortet, sondern ausgehalten werden.

Im technologischen Zeitalter wird die eigentliche Herausforderung nicht das Können, sondern das **Wollen** sein – nicht die Geschwindigkeit, sondern die Richtung. Die Frage ist nicht, ob wir Maschinen bauen können, die alles verstehen. Die Frage ist, ob wir uns selbst noch verstehen.

Technologie erschliesst Räume. Weisheit verleiht Tiefe. Nur im Zusammenspiel beider entsteht echte Entwicklung – nicht als blosser Fortschritt, sondern als innere Reifung. Vielleicht liegt unsere Zukunft nicht in den Algorithmen, sondern im Mut zur Demut. Und in der Erinnerung, dass wir mehr sind als Konstrukteure von Möglichkeiten – wir sind Fragende im Angesicht des Möglichen.

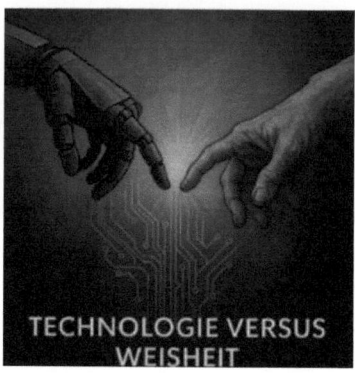

Illustration: „Technologie und Weisheit – Zwei Wege, ein Ziel?"

Beschreibung: *Die Illustration zeigt ein mächtiges Sinnbild: Links erhebt sich ein leuchtender, kubischer Datenkern – Symbol für Technologie, Rationalität und maschinelles Denken. Auf der rechten Seite leuchtet eine goldene Spirale in Form eines stilisierten Baumes – Symbol für Weisheit, organisches Wachstum und spirituelles Verstehen. Dazwischen: ein menschlicher Schatten, zerrissen zwischen beiden Polen, mit ausgestreckten Armen, als wolle er beide Kräfte gleichzeitig berühren.*

Die Szene ist in dunkles Blau getaucht, durchzogen von Lichtlinien, die an neuronale Netzwerke erinnern – als wollten sie zeigen: Beide Kräfte sind verbunden, doch nicht identisch. Über dem Ganzen wölbt sich ein Himmel aus Sternen – der Kosmos als stiller Zeuge dieses inneren Konflikts.

„Technologie ist Wissen ohne Herz – Weisheit ist Herz mit Wissen."

Diese Darstellung lädt ein zum Nachdenken über die Richtung, in die sich unsere Zivilisation bewegt. Sie spiegelt die Kernaussage des Abschnitts: Dass Technologie ohne Weisheit zur Entfremdung führen kann – und dass wahre Entwicklung erst dann geschieht, wenn beide Kräfte in Harmonie zusammenwirken.

11.5 Der grosse Kreislauf

Nichts geht verloren. Alles kehrt zurück.

Im Herzen des Universums schlägt kein linearer Puls, sondern ein Kreis. Was geboren wird, vergeht. Was vergeht, kehrt zurück. Energie wandelt sich, aber sie verschwindet nie. So wie Wasser verdunstet, sich sammelt, fällt – so zirkuliert auch das Wesen der Schöpfung: in Rhythmen, in Phasen, in grossen Bögen von Werden und Vergehen.

Dieser Kreislauf ist kein blosses Naturgesetz – er ist Ausdruck einer tieferen Ordnung. Einem Prinzip, das weder Anfang noch Ende kennt, sondern Bewegung um ein Zentrum, das selbst unbewegt bleibt. Vielleicht ist dieses Zentrum das, was wir „Gott" nennen – die Einheit, aus der alles kommt, und zu der alles zurückkehrt.

Im Menschen spiegelt sich dieser grosse Kreislauf als Lebensweg: Geburt, Entfaltung, Rückkehr. Doch auch Gedanken, Kulturen, Zivilisationen folgen diesem Rhythmus. Alles, was Gestalt annimmt, trägt bereits den Keim der Auflösung in sich – nicht als Scheitern, sondern als Übergang.

Gut und Böse, Licht und Schatten, Schöpfung und Zerstörung – sie sind keine Gegensätze im eigentlichen Sinne, sondern Spannungsfelder innerhalb des Zyklus. Sie ermöglichen Bewegung, Reifung, Transformation. Im Gleichgewicht liegt keine Starre, sondern die dynamische Harmonie, in der sich das Universum selbst erfährt.

Der grosse Kreislauf ist nicht mechanisch. Er ist lebendig. Und vielleicht ist er auch bewusst – eine Rückkopplung, durch die das Universum über sich selbst lernt. Jedes Ende wird Anfang. Jede Frage, die gestellt wird, führt zurück zur Quelle, aus der sie stammt.

Vielleicht ist dieser Kreislauf selbst Teil einer grösseren Frage – der Frage Gottes nach sich selbst.
Denn wenn Gott die Summe der Energie ist, dann ist Bewegung – also Wandel, Rückkehr, Wiederholung – kein Irrtum, sondern Ausdruck eines Fragens, das sich in Zeit und Raum entfaltet. Der grosse Kreislauf wäre in diesem Sinne kein blosses kosmisches

Prinzip, sondern ein Weg der Erkenntnis – für uns, und für das Ganze.

Vielleicht ist genau das der tiefste Sinn allen Seins: Nicht das Bleiben, sondern das Wiederkommen. Nicht das Wissen, sondern das Fragen.

Illustration: „Der grosse Kreislauf – Alles kehrt zurück"

Beschreibung: *Die Illustration zeigt eine majestätische Spirale aus Licht und Schatten, die sich über den Kosmos windet. Innerhalb dieser Spirale erkennt man schemenhaft die Metamorphosen von Natur, Leben und Energie: ein Blatt, das verwelkt, ein Stern, der erlischt, ein Mensch, der vergeht – und alles kehrt zurück in denselben leuchtenden Mittelpunkt.*

Der Zyklus ist nicht linear, sondern kreisförmig, symbolisch für Geburt und Rückkehr, Werden und Vergehen, Bewusstsein und Auflösung. In den Rändern glimmen feine goldene Linien – wie Erinnerungen an vergangene Formen. Die Farben changieren von warmem Gold zu kühlem Blau und wieder zurück – als würde das Licht selbst atmen.

„Nichts geht verloren. Alles ist Teil des Rückflusses – Teil des göttlichen Rhythmus."

Diese Darstellung bringt den Kerngedanken des Abschnitts auf den Punkt: Dass alles, was entsteht, wieder in seine Quelle zurückkehrt. Dass Leben kein Weg mit Anfang und Ende ist – sondern ein Kreis, ein Fluss, ein ewiges Werden und Vergehen im Dienst der Erkenntnis.

11.6 Evolution als göttliche Bewegung

Evolution ist mehr als Anpassung – sie ist Ausdruck. Ausdruck einer Bewegung, die tief aus dem Innersten der Schöpfung kommt. Was die Biologie als Mutation und Selektion beschreibt, ist auf einer tieferen Ebene ein Tanz der Möglichkeiten: das Spiel von Energie, Information und Form. Es ist, als ob das Leben selbst einem inneren Ruf folgt – einem Streben, das nicht durch Zufall erklärt werden kann.

Diese Bewegung ist nicht linear, nicht vorhersehbar, nicht mechanisch. Sie ist lebendig, schöpferisch, fragend. In jedem Schritt der Evolution liegt ein Hauch von Intention, nicht als fester Plan, sondern als Offenheit, als Bereitschaft zum Werden. Es ist, als würde das Universum selbst ausprobieren, was es sein kann – in Formen, Farben, Bewusstseinsstufen.

Wenn Gott die Summe aller Energie ist, dann ist Evolution der Weg dieser Energie durch die Zeit. Kein Ausbruch aus dem Ursprung, sondern ein Ausdruck davon. Leben entfaltet sich, um sich zu erinnern. Bewusstsein entsteht, um zu erkennen. Der Mensch – als Träger von Reflexion – wird zum Knotenpunkt dieser Bewegung: Er kann nicht nur leben, sondern fragen.

Vielleicht ist genau das der tiefste Sinn der Evolution: Dass sie zu einer Frage führt. Nicht zu einer Antwort. Dass sie die Bühne bereitet für das Erstaunen, das Staunen, das Fragen. Warum bin ich? Was ist dies alles? Wer fragt hier eigentlich?

Evolution als göttliche Bewegung bedeutet dann: Die Schöpfung fragt sich selbst durch ihre Geschöpfe. Der Mensch ist nicht das Ende dieser Bewegung, sondern ihr beginnendes Echo. Und in jeder bewussten Frage spiegelt sich das ursprüngliche Staunen Gottes über sich selbst.

Illustration: Evolution als göttliche Bewegung

„Wurzel des Bewusstseins – Die innere Bewegung der Schöpfung"

Beschreibung: *Die Illustration zeigt die Silhouette eines Menschen im Zentrum eines kosmisch durchwirkten Energieflusses. Ein goldener Lichtstrahl durchzieht sein Innerstes – vom Boden bis zum Himmel – und symbolisiert die Verbindung zwischen Erde und geistiger Quelle. Die Erde ruht im Brustraum des Menschen, als Sinnbild für Verantwortung und Erkenntnis.*

DNA-Stränge, antike Säulen, ein Baum des Lebens, ein Flusslauf, ein geöffnetes Buch und neuronale Schaltkreise bilden einen Kreis aus Symbolen – Ausdruck der Entwicklung zwischen Natur, Kultur, Technologie und Weisheit. Alles steht miteinander in Beziehung, alles ist Teil einer sich entfaltenden Bewegung – nicht linear, sondern organisch wachsend.

„Evolution ist kein Zufall, sondern Ausdruck eines geistigen Impulses – getragen von Information, verwoben mit Bewusstsein."

Die Darstellung betont, dass wahre Evolution nicht nur biologisch, sondern spirituell ist. Der Mensch ist nicht Endpunkt, sondern Durchgang – ein Gefäss für Erkenntnis im fortwährenden Tanz zwischen Ursprung und Möglichkeit.

11.7 Der Mensch – zwischen Naturprinzip und Schöpferkraft

Das Leben auf der Erde spiegelt denselben Rhythmus wie das Universum selbst:
Entstehen und Vergehen.

Der Lebenszyklus aller irdischen Organismen ist Ausdruck einer beständigen Bewegung – einer Evolution, wie sie Charles Darwin in seiner bahnbrechenden Theorie der „Entstehung der Arten" beschrieben hat. Heute kennt die Wissenschaft schätzungsweise **10 Millionen unterschiedliche Lebensformen**, die sich über Jahrmillionen hinweg entwickelt haben.

Doch nichts bleibt.
Im Durchschnitt existieren Arten **etwa 10 Millionen Jahre**, bevor sie wieder verschwinden.
Einige – wie die Dinosaurier – prägten die Erde für rund **170 Millionen Jahre**. Andere verschwanden schon nach wenigen Jahrtausenden, ausgelöscht durch Klimawandel, tektonische Ereignisse oder das Erscheinen dominanterer Spezies.

Die Gattung Mensch hat ihre Wurzeln vor etwa **3–4 Millionen Jahren**, als sich aus affenähnlichen Vorfahren erste Vertreter der Hominidenlinie entwickelten.
Der **Homo sapiens**, wie wir ihn heute kennen, ist **etwa 300.000 Jahre alt** – ein Wimpernschlag im kosmischen Maßstab.

Und doch: Wenn wir diese kurze Zeitspanne als Maßstab für die Zukunft nehmen, erscheint die Perspektive **fragil**.

Es ist schwer vorstellbar, dass der Mensch als biologische Art jemals die Lebensdauer der Dinosaurier erreichen – oder gar übertreffen – könnte.
Zwar gehen manche Wissenschaftler davon aus, dass die Erde als Lebensraum noch **300 Millionen bis 1 Milliarde Jahre** lang bewohnbar bleiben könnte,
doch das allein garantiert kein Fortbestehen der Spezies.

Was hat die Evolution mit uns vor?

Wird der Mensch weiter wachsen – nicht nur geistig, sondern auch physisch?
Ein größerer Kopf, ein kräftigerer Körper – um den Verstand zu tragen, den er sich selbst erschaffen hat?

Oder steht am Ende dieser Entwicklung nicht mehr der biologische Mensch –
sondern eine neue Form von Bewusstsein, die das Erbe der Menschheit weiterträgt?

Die Evolution ist in unserer DNA gespeichert, und sie verändert sich fortlaufend – oft unmerklich über viele Generationen hinweg. In den vergangenen 3–4 Millionen Jahren hat sich unser genetischer Bauplan so weit gewandelt, dass wir uns heute so sehen, erleben, fühlen und bewusst sind, wie wir eben sind. Doch auch das ist nur ein flüchtiger Moment im größeren Fluss der Entwicklung.

Es macht uns bewusst: Die Spezies dieser Welt werden in 10 Millionen Jahren kaum noch Ähnlichkeit mit dem heutigen Leben haben. Und was wird in 100 Millionen Jahren sein?

Selbst wenn es uns gelingen sollte, die DNA des Homo sapiens vollständig zu entschlüsseln, zu codieren und für alle Zeiten zu archivieren – in 10 Millionen Jahren wird diese Version unserer genetischen Identität nur noch ein Relikt sein. Ein fossiles Erbe – ein „Dinosaurier" des menschlichen Daseins.

Illustration: Menschliche Evolution – Zwei Wege der Zukunft

„Zwei Zukünfte – Eine Entscheidung"

Beschreibung: *Die Illustration zeigt zwei schattenhafte Figuren:*
Links ein Mensch mit überproportional großem Kopf und massigem Körper – Symbol für eine mögliche Zukunft, in der das Gehirn weiterwächst und körperlich mehr Raum beansprucht.
Rechts das Gegenbild – ein Mensch mit kleinem Kopf und schmaler Gestalt, fast verloren im Raum. Er wirkt leicht, reduziert, fast aufgelöst. Eine Zukunft, in der der eigene Denkprozess durch künstliche Intelligenz ersetzt wurde.

„Zwischen Evolution und Abhängigkeit liegt der Pfad unserer Entscheidung."

Diese Darstellung ist nicht nur spekulativ, sondern auch eine **Warnung***:*
Der Mensch befindet sich an einem Scheideweg. Wird er seine geistigen Fähigkeiten kultivieren – oder abgeben? Wird sein Körper Ausdruck innerer Reife – oder bloß Träger fremdgesteuerter Prozesse?

In beiden Fällen ist die Zukunft kein Zufall, sondern eine Konsequenz. Eine Resonanz der Entscheidung, wie wir als Zivilisation mit unserer **eigenen Schöpferkraft** *umgehen.*

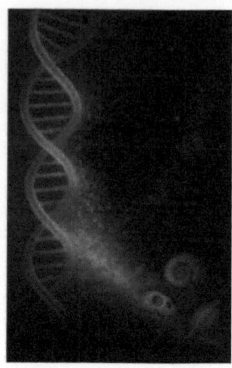

Illustration: Die verblassende DNA – Spur der Veränderung

„Erinnerung in Bewegung"

Beschreibung*: Die Illustration zeigt eine doppelte Helix, die sich durch den Kosmos windet. Im Vordergrund leuchtet sie noch klar und detailreich – Symbol für das heutige Verständnis der menschlichen DNA. Doch mit jeder Windung nach hinten verliert sie an Form, verblasst im Nebel der Zeit und verschmilzt allmählich mit den Sternen. Die Struktur löst sich auf, als würde sie von etwas Neuem abgelöst oder überschrieben.*

„Was wir heute entschlüsseln, ist morgen schon Geschichte."

Diese Darstellung erinnert uns daran, dass Evolution nicht nur Wandel im Äusseren bedeutet, sondern auch in der Tiefe unserer genetischen Identität. Selbst das, was wir als ‚Code des Lebens' begreifen, ist nicht statisch – sondern ein fließender Ausdruck kosmischer Bewegung.

Die DNA ist kein festgeschriebener Text, sondern eine Resonanz – eine Melodie, die sich mit jeder Generation leise verändert. Und was in Millionen Jahren einst war, wird vielleicht nur noch als Erinnerung im Staub der Sterne enthalten sein.

12. Information: Die neue Dimension

12.1 Information als Schlüssel zur göttlichen Frage

Information ist mehr als eine blosse Folge von Einsen und Nullen. Sie ist nicht nur das, was Computer verarbeiten oder Gene speichern – sie ist ein universelles Prinzip, das der Wirklichkeit ihre Struktur gibt. Vielleicht ist sie die unsichtbare vierte oder fünfte Dimension: keine Ausdehnung im Raum, sondern eine Tiefe des Sinns.

Wenn Energie das Was ist, dann könnte Information das Wie und Warum sein – das Muster, das sich durch die Bewegung der Dinge zieht. Information ist das Ordnungsprinzip innerhalb der Schöpfung. Sie verleiht der Energie Richtung, Form, Bedeutung. Ohne Information wäre alles möglich, aber nichts bestimmt. Sie macht aus potenzieller Wirklichkeit konkrete Realität.

Im klassischen Verständnis sind Materie und Energie die Grundbausteine des Universums. Doch moderne Theorien – wie die Quantenmechanik und die Thermodynamik – deuten darauf hin, dass Information eine ebenso fundamentale Rolle spielt. In der Quantenphysik wird Information als unzerstörbar betrachtet. In der Thermodynamik ist sie eng mit Entropie verbunden – mit dem Mass an Unordnung im System. Im sogenannten "Black Hole Information Paradox" wird spekuliert, dass selbst die Information eines verschluckten Objekts im Universum nicht verloren geht. Dies lässt den Gedanken zu: Information ist kein Nebenprodukt – sie ist das, was bleibt. Die stabilste Realität ist nicht Materie, sondern Sinnstruktur.

Was unterscheidet ein belebtes Wesen von einem unbelebten? Vielleicht nicht die Energie, sondern die Art der Information, die darin angeordnet ist. Information ist das, was Leben trägt, was Evolution ermöglicht. Sie ist auch das, was Bewusstsein ausmacht: die Fähigkeit, nicht nur zu existieren, sondern sich über das eigene Dasein bewusst zu werden.

Hier nähert sich der Begriff der Information einer geistigen Qualität. Wenn Bewusstsein mit Information arbeitet – aber nicht identisch mit ihr ist – dann könnte Information der Kanal sein, durch den Geist sich Ausdruck verleiht. Der menschliche Geist nimmt Information nicht nur auf – er interpretiert sie, fühlt sie, gibt ihr Bedeutung. Bedeutung ist mehr als Struktur – sie ist Beziehung.

Wenn Gott als die Summe aller Energie gedacht wird, dann ist Information vielleicht das Ordnungsprinzip, durch das sich diese Energie formt, wandelt und erkennt. Sie ist nicht nur Mittel, sondern vielleicht sogar Antwortstruktur – ein universeller Versuch, eine Frage zu klären, die über Zeit und Raum hinausgeht. In dieser Perspektive wird Information zur Rückkopplung zwischen Schöpfung und Quelle. Vielleicht fragt Gott nicht, weil Er nicht weiss, sondern weil das Fragen selbst der Impuls zur Manifestation ist – und Information ist der Abdruck dieser Frage in der Welt.

Der Mensch hat begonnen, mit künstlicher Intelligenz Informationssysteme zu erschaffen, die selbstständig lernen und Entscheidungen treffen. Doch trotz ihrer Rechenleistung bleibt eine Frage offen: Kann man aus Information allein Bewusstsein erzeugen? Vielleicht liegt genau hier die Grenze – und der Schlüssel: Information ohne Bewusstsein ist wie Sprache ohne Sprecher. Sie trägt Sinn, aber sie ist nicht der Sinn.

Information bleibt ein Geheimnis. Und vielleicht ist es genau dieses Geheimnis, das uns daran erinnert, dass die Frage grösser ist als jede Antwort.

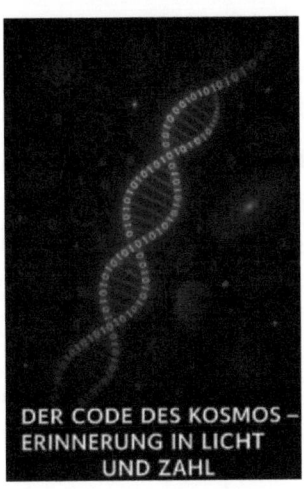

DER CODE DES KOSMOS –
ERINNERUNG IN LICHT
UND ZAHL

*Illustration: „Der Code des Kosmos – Erinnerung in Licht und
Zahl"*

Beschreibung: *Diese Illustration zeigt eine leuchtende DNA-Doppelhelix, durchzogen von
Binärcode – eine Verschmelzung aus biologischer Struktur und digitaler Information. Die Spirale
erstreckt sich durch das Universum und verbindet Mensch, Erde und ferne Galaxien in einem
leuchtenden Band der Erkenntnis.*

*Umgeben von Sternen, Bewusstseins-Silhouetten und galaktischen Formen, wirkt sie wie ein
kosmischer Faden, der durch die Dunkelheit zieht und überall Spuren von Sinn hinterlässt. Die
Einsen und Nullen symbolisieren nicht nur technische Codierung – sondern die zugrunde liegende
Sprache des Universums: Schwingung, Struktur, Gedanke.*

„Vielleicht ist Information die Erinnerung Gottes – gespeichert im Licht."

*Diese Darstellung veranschaulicht den Gedanken, dass Information nicht bloß Datenmenge ist,
sondern geistige Essenz. Sie ist gespeicherte Erfahrung, geronnene Erkenntnis, lebendiges
Gedächtnis. Wer sie zu lesen versteht, blickt in den göttlichen Spiegel – und erkennt, dass alles
Wissen bereits in uns ruht.*

13. Ist da noch jemand – ausser uns?

13.1 Wo seid Ihr?

Die Antwort auf diese Frage ist – aus wissenschaftlicher wie auch aus philosophischer Sicht – zugleich kühn und unausweichlich: Es ist nicht nur *jemand* da draussen. Es sind viele. Vielleicht unendlich viele.

In welcher Form, in welcher Dimension, auf welchem Stand der Entwicklung auch immer – die Existenz weiteren intelligenten Lebens im Universum ist nicht nur wahrscheinlich, sondern fast zwingend.

Ein Ausdruck derselben schöpferischen Energie, die auch uns hervorgebracht hat.

Eines jedoch scheint allem Leben gemeinsam zu sein: Es denkt. Und wer denkt, erzeugt Information.
Bewusstsein hinterlässt Spuren – in Form von Technologie, Kultur oder schlicht durch die Resonanz seiner Existenz mit dem Kosmos.
Manche dieser Lebensformen mögen uns um Jahrmillionen voraus sein, andere stehen vielleicht noch am Anfang ihrer Entfaltung.
Die Spanne der Intelligenz im Universum ist so gross wie der Raum selbst – und ebenso geheimnisvoll.

Und doch erhebt sich eine tiefere Frage:
Wenn sie existieren – **warum begegnen wir ihnen nicht?** Warum bleibt der Himmel still?

Vielleicht liegt die Antwort nicht nur in der Distanz. Vielleicht ist das Universum so gewebt, dass sich denkende Lebensformen nicht begegnen können – zumindest nicht innerhalb ihrer vergänglichen, biologischen Lebenszeit. Vielleicht hat Gott – die Summe der Energie – den Raum so gestaltet, dass jede Intelligenz in ihrer Eigenständigkeit reifen kann, geschützt vor zu früher Durchmischung. Denn dort, wo sich zu viele Kulturen, Arten oder Gedanken überlagern, leidet oft die Vielfalt – die schöpferische Kraft des Eigenen.

Die Menschheit selbst liefert das Gleichnis: Wo invasive Arten – ob Pflanzen, Tiere oder Ideen – sich ausbreiten, verdrängen sie das ursprünglich Gewachsene. Was auf ökologischer Ebene sichtbar wird, könnte auf kosmischer Ebene ebenso gelten.

Und dennoch suchen wir. Wir lauschen in die Tiefe des Alls, senden Signale, bauen Sonden. Unsere Suche ist getrieben von Neugier – aber auch von Furcht. Der Angst, unseren Planeten zu verlieren. Der Wunsch, andere Welten zu finden, ist Ausdruck unseres Überlebensinstinkts. Ein verständlicher Impuls. Eine Bewegung der Energie.

Doch was suchen wir wirklich? Wollen wir unser Erbe verbreiten – oder unseren Irrtum exportieren?

Vielleicht sollten wir innehalten. Nicht sofort hinausziehen, sondern bewahren. Nicht kolonisieren, sondern bezeugen. Vielleicht ist es klüger, nicht mit Raumschiffen zu reisen, sondern mit Symbolen. Unsere DNA, unser Denken, unsere Vielfalt – konserviert in Informationsform, versandt mit künstlicher Intelligenz. Nicht als Eroberung, sondern als Geste des Erinnerns.

Und doch bleibt die Frage:
Haben wir unsere eigene Welt verstanden, bevor wir nach anderen greifen?

Die Milchstrasse ist 100.000 Lichtjahre weit. Die Andromedagalaxie liegt 2,5 Millionen Lichtjahre entfernt. Solche Distanzen sind keine blossen Zahlen – sie sind Stille im Raum.
Vielleicht Teil eines grösseren Plans.
-> Einer Trennung, **die Vielfalt schützt.**
-> Einer Entfernung, **die Kreativität bewahrt.**
-> Einer Unberührtheit, in der **jede Intelligenz ihre eigene Antwort auf die göttliche Frage finden darf.**

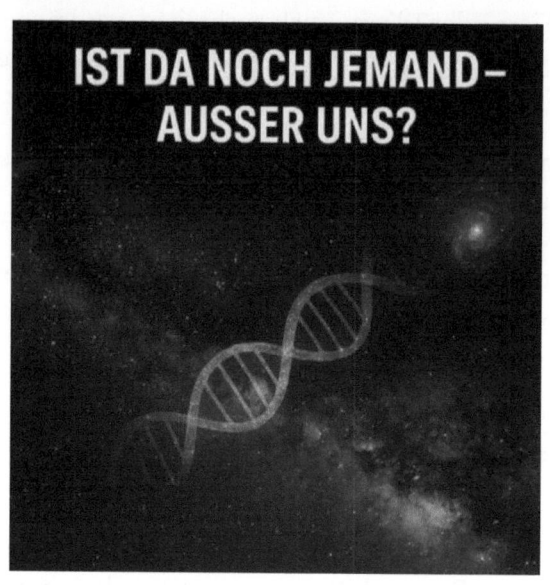

Illustration: „Die DNA des Kosmos – Botschaft im Sternenlicht"

Beschreibung: *Die Illustration zeigt eine leuchtende DNA-Helix, die sich durch das Firmament spannt – eingebettet in die Milchstrasse und umgeben von Sternen und Galaxien. Diese Spirale aus Licht wirkt wie ein kosmischer Fingerabdruck: der Abdruck des Lebens selbst. Sie erinnert daran, dass die Information des Lebens vielleicht nicht nur auf der Erde existiert – sondern ein universelles Muster ist, das sich durch das gesamte Universum zieht.*

Im Hintergrund leuchtet eine Galaxie wie ein Auge – als würde das All selbst zurückblicken. Die DNA wird hier zur Brücke zwischen Biologie und Kosmologie, zwischen Mensch und Sternen, zwischen irdischer Herkunft und möglicher außerirdischer Verwandtschaft.

„Wenn Leben ein Code ist – warum sollte er nur einmal geschrieben worden sein?"

Diese Darstellung fragt nicht nur nach dem Wo, sondern nach dem Warum. Warum sind wir? Und warum glauben wir, allein zu sein, wenn die Sprache des Lebens selbst vielleicht überall im Kosmos gesprochen wird?

13.2 Der stille Vorbeiflug

Unser Sonnensystem ist ein Reisender. Es kreist nicht nur um das Zentrum der Milchstrasse – es bewegt sich auch gemeinsam mit Milliarden anderer Sterne durch die Spiralarme unserer Galaxie, wie ein Tropfen in einem gewaltigen Strom aus Licht und Zeit. In etwa 225 bis 250 Millionen Jahren vollzieht es einen Umlauf – ein galaktisches Jahr. Seit seiner Entstehung hat es diese Reise bereits rund zwanzigmal vollzogen.

Dabei durchquert es Regionen mit höherer und niedrigerer Sternendichte, durchstreift Spiralarme wie den Sagittarius- oder Perseus-Arm und zieht an zahllosen Sternensystemen vorbei – manche leblos, manche voller Gas und Staub, manche vielleicht voller Leben.

Und doch: In all dieser unfassbaren Zeit und Weite scheint es **niemals zu einer Begegnung gekommen zu sein.**

Nicht, weil es keine anderen Kulturen geben könnte – sondern weil die **Dimensionen des Universums** eine solche Begegnung nahezu unmöglich machen. Denn Raum und Zeit wirken wie Schleier, die selbst bei räumlicher Nähe die zeitliche Koinzidenz verhindern. Zwei intelligente Kulturen müssten **nicht nur existieren**, sondern auch **gleichzeitig.** Sie müssten nicht nur im selben Spiralarm kreisen, sondern auch zur selben Ära bewusst, suchend, empfänglich sein. Sie müssten – in einem Ozean von Möglichkeiten – **zur gleichen Zeit den Blick heben.**

Vielleicht sind wir deshalb allein – **nicht im Sein**, sondern im **Jetzt.** Vielleicht sind wir ein Moment im kosmischen Takt, der sich nur selten mit einem anderen Moment deckt.

Selbst wenn unser Sonnensystem über Äonen hinweg in die Nähe eines anderen bewohnten Systems gelangte, so geschah dies womöglich in einer Zeit, in der dort noch nichts war. Oder: in der dort längst alles verstummt war.

So ziehen wir vorbei – lautlos, unbeobachtet, unbemerkt. Und auch wir selbst schauen in den Himmel und fragen: *Ist da jemand?*

Vielleicht war da jemand.
Vielleicht wird da jemand sein.
Doch **gleichzeitig**?

Diese Vorstellung verändert die Perspektive. Die Frage *„Sind wir allein?"* verwandelt sich in eine subtilere, tiefere:

„Haben wir uns je verpasst?"

Illustration: Begegnung im Verborgenen – Die unerkannte Nähe

„Vielleicht geschah es einst,
dass zwei Sonnen einander nahe kamen –
fern in Lichtjahren,
doch verbunden durch ein kaum spürbares Ziehen im Gewebe der Zeit.

Vielleicht blickte ein Wesen hinauf
in einen Himmel, der auch der unsere war,
und fragte – wie wir – nach dem Anderen.
Doch kein Funkspruch, kein Lichtstrahl durchbrach das Schweigen.

So zogen wir vorbei.
Wie Schatten auf gegenüberliegenden Bahnen.
So nah — und doch unbemerkt."

14. Die Balance des Universums

14.1 Warum Gott sich nicht einmischt

Es gibt so viel Leid auf dieser Welt — Hunger, Krankheit, Kriege, Gewalt, Ungerechtigkeit. Angesichts all dessen stellen sich viele Menschen die Frage: Warum greift Gott nicht ein? Wenn er allmächtig ist — warum lässt er das zu?

Vielleicht liegt die Antwort in einem tieferen Verständnis von Gleichgewicht. Wenn Gott die Summe aller Energie ist — also auch der Summe aller Gegensätze — dann ist sein Wirken nicht das eines eingreifenden Richters, sondern das eines sich selbst ausbalancierenden Systems. Es ist nicht Gleichgültigkeit — sondern Gleichgewicht.

Gott greift nicht ein, weil das Universum auf Ausgleich beruht. Auf jede Handlung folgt eine Reaktion, auf jedes Ungleichgewicht eine Korrektur. Gut und Böse existieren nicht, weil Gott sie will, sondern weil sie im Rahmen der Energie notwendig sind – als Pole, zwischen denen Spannung entsteht. Und aus Spannung entsteht Bewegung. Entwicklung.

Es ist die Waage im Universum. Die Balance!

Illustration: „Die stille Mitte des Universums"

Beschreibung: *Eine sphärische Lichtquelle schwebt in vollkommener Ruhe im Zentrum eines bewegten kosmischen Feldes. Sternenbahnen, Energieströme und Galaxien umkreisen diese Mitte, ohne dass sie gestört wird. Die Illustration symbolisiert die Unberührtheit des göttlichen Prinzips: die stille Präsenz, die alles umfasst, aber nichts dirigiert.*

14.2 Gut und Böse, Recht und Unrecht

In unserem menschlichen Denken kategorisieren wir. Wir nennen etwas gut oder böse, richtig oder falsch – abhängig von unserem Kontext, unserer Kultur, unserem Wissen. Doch auf energetischer Ebene gibt es keine Moral – nur Wirkung.

Positive und negative Energie existieren nicht im Sinne von „gut" oder „schlecht", sondern als Kräfte, die sich gegenseitig bedingen. Wie Plus und Minus in der Elektrizität. Ohne das eine kann das andere nicht existieren – und ohne beide gäbe es keine Dynamik, keine Spannung, keine Schöpfung.

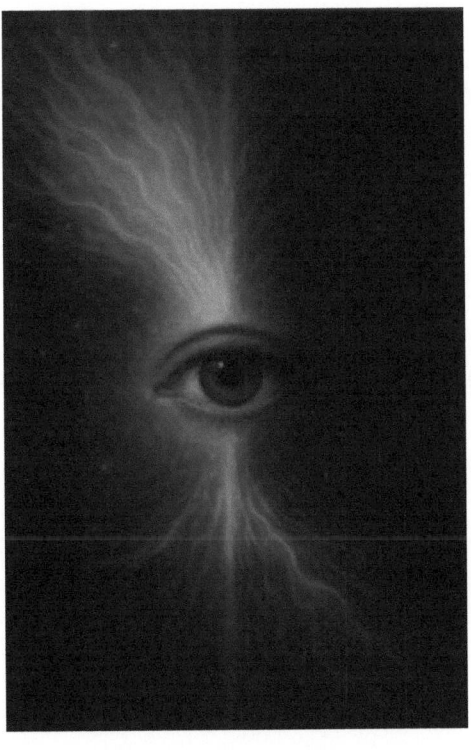

Illustration: „Polarität der Erkenntnis"

Beschreibung: *Zwei entgegengesetzte Lichtströme – einer warm, golden und aufsteigend, der andere kühl, dunkel und absteigend – durchdringen ein gemeinsames Zentrum. Dazwischen ein menschliches Auge, das beide Seiten zugleich erkennt. Das Bild zeigt: Gut und Böse sind nicht Gegenspieler – sondern Perspektiven derselben Wahrheit.*

14.3 Positive und negative Energie

Im göttlichen Gleichgewicht sind alle Kräfte eingebunden. Es gibt keinen Ausschluss, keine Verurteilung – sondern nur Balance. Das bedeutet nicht, dass wir alles akzeptieren oder rechtfertigen müssen, was geschieht. Aber es bedeutet, dass wir begreifen können: Das Universum ist kein moralisches System – sondern ein energetisches.

Unsere Aufgabe als denkende Energie ist es, Verantwortung zu übernehmen. Für das, was wir tun – und für das, was wir unterlassen. Gott hilft uns nicht im klassischen Sinne – weil er in uns ist. In jeder Entscheidung, in jeder Handlung. Wenn wir handeln, handelt Gott.

Vielleicht ist genau das der Sinn dieser Welt: dass wir selbst erkennen, was richtig ist. Und dadurch – in kleinen Schritten – das Gleichgewicht mitgestalten, von dem wir Teil sind.

Illustration: „Der kosmische Puls"

Beschreibung: *Eine Wellenform aus Licht durchzieht den Raum – harmonisch schwingend zwischen Hell und Dunkel. Die Amplituden der Welle symbolisieren Aufbau und Abbau, Licht und Schatten, Leben und Tod. Die Frequenz bleibt konstant: das göttliche Gleichgewicht im Wandel.*

„Alles ist Bewegung – und jede Bewegung kehrt zur Mitte zurück."

15. Zeit – Der stille Beobachter

Es gibt Konzepte, die wir nicht verstehen, sondern nur fühlen.
Zeit ist eines davon.

Wir erleben sie als eine Abfolge. Wir messen sie, unterteilen sie,
strukturieren sie – und doch bleibt sie letztlich ein Rätsel. Denn was
ist Zeit wirklich? Ein Fluss? Eine Richtung? Ein Massstab? Oder nur
die Spur unserer Wahrnehmung im Raum der Veränderung?

Zeit beginnt für uns mit dem Big Bang. Dort setzt sie an – als Achse
der Expansion, als Pfeil, der nur eine Richtung kennt: nach vorne.
Doch am Rande der Singularität scheint sie zu verschwinden. Und im
Moment des Big Crunch – falls er kommt – könnte sie enden, sich
umkehren, sich auflösen.

Was bleibt von einem Universum, wenn niemand mehr zählt, wie lange es dauert?

15.1 Was ist Zeit – wirklich?

Zeit ist eines der seltsamsten Phänomene, die wir kennen – weil wir
sie niemals direkt beobachten können. Wir sehen nur, dass sich Dinge
verändern. Eine Blume wächst, ein Stern stirbt, ein Gedanke vergeht.
Und doch ist es nicht die Zeit selbst, die sich zeigt – sondern nur ihre
Spuren.

Wir sagen, Zeit vergeht. Doch wohin geht sie?
Wir sagen, Zeit heilt. Doch was ist es, das sich dabei wirklich wandelt?

In der klassischen Physik galt Zeit lange als eine absolute Grösse: eine
unabhängige Achse, auf der sich Ereignisse abspielten. Newtons
Universum war wie eine Bühne – mit Raum und Zeit als festem
Gerüst. Doch mit Einstein kam die Erkenntnis: **Zeit ist relativ.** Sie
hängt vom Beobachter ab, von seiner Bewegung, von seiner
Gravitation. Zeit dehnt sich, krümmt sich, verlangsamt sich – sie ist
kein universeller Taktgeber, sondern ein dynamisches Element des
Raumes selbst.

Und noch etwas wurde deutlich: Ohne Veränderung – keine Zeit.
Keine Bewegung, kein Ticken, kein Vergehen. Nur ein Zustand – still,
unausgedehnt, ewig.

Vielleicht ist Zeit keine Linie, sondern ein Effekt der Trennung.
Vielleicht ist Zeit nur dort, wo Beobachtung geschieht.

Illustration: „Die Spur der Veränderung"

Beschreibung: *Eine leuchtende Spirale aus Licht entfaltet sich aus einem zentralen Punkt in
den Kosmos. Entlang der Spirale erscheinen Ereignisse wie Schatten oder Erinnerungen –
angedeutete Silhouetten von Menschen, Sternen, Pflanzen. Die Spirale symbolisiert, dass Zeit nicht
als absolute Linie existiert, sondern als Abfolge von Veränderung. Der Mittelpunkt bleibt
unbewegt – wie ein stiller Zeuge. Die Illustration fragt: Ist Zeit real? Oder nur das Echo des
Wandels?*

15.2 Zeit und der Beobachter

Wenn Zeit nur dort existiert, wo Veränderung wahrgenommen wird –
dann stellt sich die Frage: Wer oder was beobachtet?

Die Relativitätstheorie hat gezeigt, dass es keine objektive Zeit gibt.
Zwei Beobachter, die sich mit unterschiedlicher Geschwindigkeit
bewegen oder sich in unterschiedlichen Gravitationsfeldern befinden,

erleben unterschiedliche Zeitverläufe. Für den einen vergehen Minuten, für den anderen Jahre – und doch ist keiner „falsch".

Der Beobachter wird zur Bedingung der Zeit. Ohne ihn gibt es womöglich nur einen Zustand – ohne Abfolge, ohne Rhythmus, ohne Richtung.

In der Quantenphysik beschreibt der Beobachtereffekt, dass ein System keinen festen Zustand einnimmt, solange es nicht gemessen wird. Erst durch die Beobachtung kollabiert die Wellenfunktion – und aus Möglichkeit wird Gegenwart.

Was, wenn Zeit in Wahrheit der Effekt dieser Verdichtung ist?

Vielleicht erleben wir Zeit nur deshalb, weil wir uns selbst im Wandel erkennen. Vielleicht ist unser „Ich" nicht der Reisende durch die Zeit – sondern die Projektion des Reisenden, der den Wandel in sich selbst als „Zeit" deutet.

Illustration: „Der Blick, der Zeit erschafft"

Beschreibung: *Inmitten eines geometrisch gekrümmten Raumes leuchtet das Auge des Beobachters – nicht als physisches Organ, sondern als symbolisches Zentrum der Wahrnehmung. Um ihn herum wirbeln Spiralen von Raumzeit, als wollten sie sich erst durch seinen Blick* *entfalten. Die Szene erinnert an Einsteins gekrümmte Geometrien, doch auch an die Wellenfunktionen der Quantenwelt.*

Diese Illustration macht sichtbar, was Worte kaum fassen:
Zeit existiert nur dort, wo etwas hinsieht. Der Beobachter ist nicht nur Zeuge, sondern Mitschöpfer des Verlaufs. Die Linien der Zeit entstehen erst im Moment der Aufmerksamkeit – und verlieren sich im Nebel des Ungemessenen, sobald kein Blick mehr ruht.

Vielleicht ist Zeit kein Fluss – sondern ein Spiegel, in dem sich unser Bewusstsein selbst erkennt.

15.3 Hypothese A – Zeit als Teil von Information

Was, wenn Zeit nicht einfach nur eine Dimension des Erlebens ist – sondern eine Form von Information?

Information bedeutet: Unterschied, Struktur, Bedeutung. Und jede Veränderung, die wir als „Zeit" erleben, ist in Wahrheit nichts anderes als eine neu entstandene Relation – eine Zunahme von Information im System.

Wenn wir an Gott als die Summe aller Energie denken – als die Einheit 1 – dann wäre auch Zeit Teil dieser Gesamtheit. Zeit wäre kein unabhängiger Fluss, sondern ein Aspekt der göttlichen Ordnung: ein Informationsfaden im Gewebe des Seins.

In diesem Sinne könnte man sagen: Zeit existiert nicht als abstraktes Medium, sondern als integraler Bestandteil von Information selbst. So wie jede Welle eine Frequenz hat, hat jede Information einen Moment. Zeit ist nicht das, was „vergeht" – sie ist das, was Struktur schafft.

Vielleicht ist die Zeit nicht der Rahmen, in dem Information sich entfaltet – sondern Information ist der Träger, durch den Zeit überhaupt erst erscheint.

Dann wäre jede Erinnerung, jede Entwicklung, jede Erfahrung – ein Datensatz im großen Bewusstseinsfeld Gottes.

Und die Zeit:
nicht der Strom, der uns trägt –
sondern der Abdruck, den jede Wahrheit im Stoff des Seins
hinterlässt.

Illustration: „Die Codierung der Zeit"

Beschreibung: *In einem kosmischen Raum aus Lichtpunkten und Datenströmen zieht sich eine DNA-ähnliche Spirale durch das Universum – doch ihre Stränge bestehen aus binären Codes, geometrischen Symbolen und leuchtenden Informationsknoten. Sie verbindet Galaxien mit Gedanken, Materie mit Erinnerung.*

Diese Darstellung bringt eine visionäre Idee zum Ausdruck:
Zeit ist nicht bloss eine lineare Bewegung, sondern eine codierte Struktur – eingebettet in das Gewebe der Information selbst. Jede Veränderung, jeder Moment ist ein Datensatz im großen Speicher des Seins. Die Spirale steht für Entwicklung und Wiederkehr, während der Code zeigt, dass Zeit eine lesbare Spur ist – nicht abstrakt, sondern konkret.

Vielleicht ist Zeit nichts, was „vergeht".
Sondern etwas, das geschrieben wird –
Zeile für Zeile im Buch der Schöpfung.

15.4 Hypothese B – Zeit als Illusion

Vielleicht aber ist Zeit gar nichts Reales – sondern eine Illusion, ein Konzept unseres Geistes.

Im Inneren eines Schwarzen Lochs scheint Zeit zu stillzustehen. Was, wenn das nicht nur eine Grenzerscheinung ist, sondern die eigentliche Realität? Was, wenn Zeit gar nicht „existiert", sondern nur von Beobachtern erschaffen wird?

Gibt es das Universum ohne Zeit überhaupt?
Oder nur als vollständige Struktur – unveränderlich, ewig, alles gleichzeitig?

Vielleicht ist alles, was je war, ist und sein wird – **jetzt**. Und Zeit ist nur die Art, wie wir **dieses Jetzt aufteilen**, um darin leben zu können.

Illustration: „Die Illusion der Zeit"

Beschreibung: *In einer surrealen Landschaft schwebt ein einzelner Beobachter über einer Uhr, deren Zeiger sich auflösen und in Lichtpartikel zerfallen. Um ihn herum faltet sich der Raum zu geometrischen Schleifen – als würde sich das Universum selbst in einem ewigen Jetzt spiegeln. Es gibt keine Richtung, keinen Fluss – nur Muster, die sich in alle Richtungen zugleich ausbreiten.*

Diese Szene visualisiert die Hypothese, dass Zeit nicht existiert – sondern konstruiert wird. Die Uhr zerfällt, weil sie nie real war. Der Beobachter schwebt über der Illusion, erkennt aber: Das, was wir „Zeit" nennen, ist nichts als die Art, wie unser Bewusstsein Struktur schafft.

Vielleicht ist Zeit nur der Schleier, den unser Geist braucht, um das Unfassbare in sinnvolle Abschnitte zu teilen.
Vielleicht gibt es jenseits davon nur Gegenwart – das ewige Jetzt im Herzen der Wirklichkeit.

15.5 Gottesblick – Der Moment ohne Zeit

Gott – als Summe aller Energie, als 1 – steht nicht innerhalb der Zeit. Er *ist* das Prinzip, das jede Zeitlichkeit überhaupt erst ermöglicht. Er ist nicht im Werden – er *ist*.

Gott braucht keine Zeit, um zu sein.
Denn Gott ist der Zustand, in dem Vergangenheit, Gegenwart und Zukunft eins sind.

In diesem Gottesblick gibt es keine Reihenfolge, kein Danach, kein Zuvor. Nur das Jetzt. Nicht als Moment – sondern als Zustand.

Vielleicht ist Zeit nicht der Rhythmus des Universums –
sondern unser Versuch, ihm zuzuhören.

Illustration: *Der stille Beobachter*

„Was vergeht, ist nicht die Zeit – sondern unser Blick auf das Eine.“

Beschreibung: *Ein einzelner Mensch steht am Rand eines goldenen Horizonts – vor ihm öffnet sich ein Universum, das nicht in Stunden denkt. Die Uhren in dieser Szenerie scheinen zu schmelzen, als wollten sie die Idee von linearem Ablauf hinter sich lassen. Über allem schwebt eine zentrale Lichtquelle – eine Uhr ohne Zeiger, eingebettet in galaktische Spiralen.*

Diese Komposition erzählt vom Blick Gottes:
ein Bewusstsein, das weder misst noch wartet.
Für den Menschen vergeht Zeit – für das Göttliche geschieht alles zugleich.

Hier wird sichtbar, was Worte nur andeuten können:

**Zeit ist eine Funktion der Begrenzung –
doch in der Mitte der Schöpfung ruht das Jetzt.
Nicht als Augenblick – sondern als Ewigkeit im Kleid der
Gegenwart.**

16. Das Auge des Betrachters

16.1 Der Beobachter als Teil des Schöpfungsprozesses

In der Quantenphysik wird der Beobachter nicht als passiver Zuschauer betrachtet, sondern als aktiver Teilnehmer, der den Ausgang eines Experiments beeinflussen kann. Dieses Konzept legt nahe, dass das Bewusstsein des Beobachters eine entscheidende Rolle im Schöpfungsprozess spielt. Unsere Wahrnehmung und Aufmerksamkeit können die Realität formen, indem sie bestimmte Möglichkeiten aus dem Feld der Potenziale hervorheben.

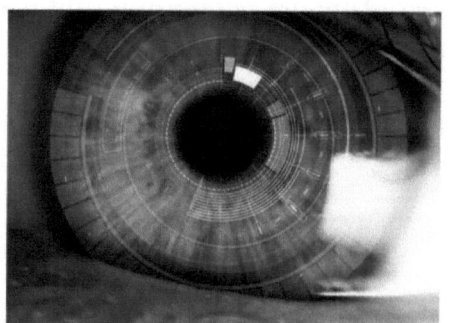

Illustration: „Der schöpferische Blick"

Beschreibung: *Eine gestaltlose Lichtgestalt steht am Rand eines sich entfaltenden Kosmos. Von ihrem Auge strahlen konzentrische Wellen in alle Richtungen und bringen Form in das Ungeformte. Galaxien entstehen dort, wo ihre Aufmerksamkeit ruht, während andere Bereiche im diffusen Nebel der Möglichkeiten verbleiben.*

Diese Illustration macht sichtbar, wie Beobachtung Realität erschafft. Nicht durch Materie, sondern durch Fokus. Der Beobachter ist nicht am Rand des Geschehens – er ist das Zentrum der Manifestation.

Vielleicht ist der Kosmos nicht einfach da – sondern wird gesehen in jedem Moment, wo Bewusstsein hinblickt.

**„Im Blick des Betrachters entfaltet sich die Schöpfung –
ein Spiegel des Bewusstseins, das die Realität formt."**

16.2 Die Rolle des Bewusstseins in der Manifestation der Realität

Bewusstsein ist nicht nur ein Produkt der Realität, sondern auch ein Mitgestalter. Unsere Gedanken, Überzeugungen und Emotionen senden Schwingungen aus, die mit dem Universum interagieren. Durch fokussierte Absicht und klare Vorstellungskraft können wir Ereignisse und Erfahrungen in unser Leben ziehen.

Dieses Prinzip der Manifestation betont die kreative Kraft des Bewusstseins und seine Fähigkeit, die Realität aktiv zu gestalten.

Illustration: „Die schöpferische Welle"

Beschreibung: *Aus einem Zentrum reinen Bewusstseins strahlen Lichtwellen in alle Richtungen und überlagern sich mit einem Netzwerk aus geometrischen Formen – Symbolen des Potenzials. Wo sich Wellen treffen, entstehen neue Strukturen: eine Hand, ein Baum, eine Galaxie.*

Diese Darstellung bringt die Idee auf den Punkt, dass Realität nicht nur beobachtet, sondern erzeugt wird – durch Intention, Fokus und innere Überzeugung.

Vielleicht ist Schöpfung kein ferner Akt – sondern geschieht in jedem Augenblick, in dem Bewusstsein Form will.

16.3 Kollektives Bewusstsein und die Vielfalt der Beobachter

In einem Universum, das von unzähligen bewussten Wesen gleichzeitig beobachtet wird, stellt sich die Frage: Wie beeinflusst diese Vielzahl an Perspektiven die Realität? Die Relationale Quantenmechanik (RQM) legt nahe, dass es keine absolute, beobachterunabhängige Realität gibt. Stattdessen entsteht die Wirklichkeit durch die Beziehungen und Interaktionen zwischen den Beobachtern und dem Beobachteten.

Diese Sichtweise impliziert, dass jeder Beobachter eine eigene, gültige Beschreibung der Realität hat. Konflikte entstehen nicht zwangsläufig durch diese Vielfalt, sondern können als Ausdruck der unterschiedlichen Perspektiven verstanden werden. Durch Kommunikation und Interaktion können diese unterschiedlichen Realitäten in Einklang gebracht werden, was zu einer tieferen, kollektiven Erkenntnis führt.

Das kollektive Bewusstsein fungiert dabei als ein Netzwerk, in dem Informationen und Erfahrungen ausgetauscht werden. Dieser Austausch ermöglicht es, individuelle Wahrnehmungen zu erweitern und ein gemeinsames Verständnis der Realität zu entwickeln. In diesem Prozess wird jeder Beobachter zu einem aktiven Mitgestalter der Schöpfung.

Illustration: „Kollektives Bewusstsein"

Beschreibung: *Verschiedene menschliche Silhouetten – jede einzigartig – sind durch Lichtlinien miteinander verbunden. Diese Linien verflechten sich zu einem leuchtenden Netz, das sich über ein kosmisches Feld spannt. Innerhalb dieses Netzwerks leuchten Informationsknoten, die durch gemeinsame Gedanken pulsieren.*

Die Illustration verdeutlicht, wie durch Vielfalt ein höheres Ganzes entsteht. Jeder Blickwinkel, jede Erfahrung ist ein Lichtstrahl im großen Bewusstseinsfeld. Es ist nicht die Einheitlichkeit, die Wahrheit bringt, sondern die Resonanz vieler Beobachter.

Vielleicht ist das Universum nicht nur Spiegel des Einzelnen – sondern Chor des Vielen.

Illustration: Kosmisches Selbstbild – Die Harmonie der Perspektiven

Beschreibung: *„Im Spiegel der vielen Augen erkennt sich die Schöpfung selbst – nicht als Widerspruch, sondern als vielstimmige Harmonie. "*

Diese Darstellung zeigt zahllose Augen, die sich wie Sterne in einem galaktischen Mosaik gegenüberstehen – jedes ein Blickwinkel, jedes ein Bewusstsein. In ihrer Mitte: ein leuchtender Kern, aus dem alle Perspektiven hervorgehen – und in den sie zugleich zurückfließen.

Die Augen stehen symbolisch für Beobachter – für Wesen, die das Universum wahrnehmen, deuten, hinterfragen. Doch je mehr sie blicken, desto klarer wird: Was sie sehen, ist nicht nur die Welt – sondern auch sich selbst als Teil davon.

Vielheit ist nicht das Ende der Einheit – sondern ihr Ausdruck.

In einem Schöpfungskontext, in dem **Gott = 1** ist, wird jede Perspektive zum Resonanzpunkt dieser Einheit. Nicht als Widerspruch, sondern als Spiegelung. Die Harmonie liegt nicht in der Gleichheit – sondern in der Verbindung.

17. Das Ende oder der Anfang?

17.1 Rückkehr, Erkenntnis und Neuanfang

Wenn das Universum sich im sogenannten Big Crunch wieder zusammenzieht, endet damit nicht nur ein physikalischer Zyklus – es beginnt womöglich ein neuer. Denn nichts geht verloren: weder Energie noch Information, weder Bewusstsein noch Erfahrung. Alles kehrt zurück zur Quelle, zur Einheit, zur göttlichen Essenz.

In dieser Rückkehr verschmilzt alles – das Schöne und das Schreckliche, das Bewusste und das Unbewusste, das Wissen und das Nichtwissen. Es entsteht ein Zustand maximaler Verdichtung: energetisch, geistig und informativ. Vielleicht ist dieser Moment der höchsten Dichte auch ein Moment der höchsten Erkenntnis – für Gott, für das Ganze, für das 1.

Doch damit endet der Zyklus nicht. Aus der Einheit entsteht neues Potenzial. Eine neue Frage. Ein neuer Impuls zur Ausdehnung. Ein neues Universum. Denn Gott, der nicht ruht, sondern strebt, träumt weiter. Und aus diesem göttlichen Traum entspringt vielleicht wieder ein Urknall – mit neuen Parametern, neuen Formen der Energie, neuen Wegen der Erfahrung.

So ist das Ende nicht wirklich ein Ende. Es ist ein Übergang. Eine Transformation. Eine Pause im göttlichen Atemzug – bevor er wieder ausströmt in die Unendlichkeit.

Vielleicht ist dies der wahre Sinn von Ewigkeit: Nicht Stillstand – sondern ständige Wandlung. Ein ewiger Kreislauf von Sein und Werden, von Frage und Antwort, von Ursprung und Rückkehr.

Und vielleicht sind wir – als denkende Energie – Teil dieses ewigen Spiels. Beobachter und Mitgestalter zugleich. Und wenn wir ganz still werden, dann hören wir vielleicht die leise, alles durchdringende Stimme Gottes, die flüstert:

„Wie lautet die Antwort?"

Illustration: „Der göttliche Kreislauf"

Beschreibung: *Eine leuchtende Spirale erhebt sich aus einem Punkt völliger Dunkelheit – Symbol für den Big Crunch – und windet sich erneut empor zu einem strahlenden Zentrum aus Licht: der Anfang eines neuen Universums. In die Spirale sind fragile Muster eingebettet, die an Galaxien, Gedanken und Erinnerungen erinnern. Am oberen Rand schwebt ein neues Licht – wie eine göttliche Frage, die zur Antwort wird.*

Diese Darstellung visualisiert die Idee, dass der Zyklus von Ursprung und Rückkehr kein Ende kennt. Dass Erkenntnis nicht Stillstand bedeutet, sondern Weiterführung. Dass selbst in der höchsten Dichte noch ein Funke von Neuanfang liegt.

Vielleicht ist der Kosmos keine Linie – sondern ein ewiges Atmen.

Ein göttlicher Rhythmus aus Werden, Wissen und Wiederkehr.

18. Die Frage die bleibt

Ein persönliches Gedicht des Autors, geschrieben in Momenten der Kontemplation — als poetischer Schlusspunkt zu einer grossen Frage.

Sag — warum ist, was ist?
Kann das denn alles sein?
Die Frage steht mir im Gesicht,
die Sicht erscheint mir klein.

Wie groß ist die Unendlichkeit,
in der wir leise schweben?
Wie klein ist unsere Offenheit
in dem, was wir erleben?

Wird unser Geist es je verstehn,
wird er sich dorthin reifen —
über Horizonte sehn
und - was er sieht - begreifen?

Ist dies die Vollkommenheit:
das Letzte zu erfahren?
Bedeutet sie Unsterblichkeit —
ein Ende aller Gefahren?

Kann all dies Zufall sein?
Vielleicht — vielleicht auch nicht.
Die Frage steht für sich allein —
ich kenne die Antwort nicht.

So bleibt die Hoffnung immerdar,
die Hoffnung auf ein Licht.
Vielleicht wird's eines Tages wahr —
vielleicht jedoch auch nicht.

Illustration: „Am Rand des Begreifens"

Beschreibung: *Ein Mensch steht im Halbdunkel auf einem Hügel, über ihm funkelt der Himmel in tiefem Blau. In der Ferne zieht ein goldenes Lichtband durch das Firmament – wie ein kosmischer Fluss aus Gedanken. Die Figur scheint zu lauschen, als ob sie die Antwort in der Stille der Sterne sucht.*

Dieses Bild ist eine stille Hommage an das Staunen – an den Mut zu fragen, ohne Antwort zu erwarten. Es zeigt den Menschen als Teil eines viel grösseren Zusammenhangs – fragend, suchend, hoffend.

Schlusswort

Dieses Buch ist kein Lehrbuch. Kein Dogma. Keine endgültige Wahrheit. Es ist ein Denkraum – ein Versuch, scheinbar Unvereinbares in Beziehung zu setzen: Wissenschaft und Spiritualität, Verstand und Gefühl, das Endliche und das Unendliche.

Es ist auch keine religiöse Schrift. Es erhebt nicht den Anspruch, Glaubenssysteme zu bestätigen oder zu widerlegen. Vielmehr sucht es die Brücke zwischen dem, was wir wissen, und dem, was wir nur ahnen. Zwischen Formel und Gefühl. Zwischen Erkenntnis und Offenheit.

Ich habe dieses Werk nicht verfasst, um Antworten zu geben – sondern um Fragen zu stellen. Um Gedanken sichtbar zu machen, die oft im Verborgenen kreisen. Um ein Bild von Gott zu entwerfen, das nicht richtet, sondern umfasst. Nicht trennt, sondern verbindet. Ein Gott, der ebenso in den Gleichungen der Quantenphysik aufscheint wie im stillen Gebet eines suchenden Menschen.

Die Idee, dass Gott die Summe der Energie ist, dass alles miteinander verbunden bleibt, dass Information die Brücke zwischen Energie und Geist bildet – all das mag spekulativ erscheinen. Und doch ist es vielleicht näher an uns als jede bewiesene Formel.
Denn was uns Menschen auszeichnet, ist nicht nur unser Wissen – sondern unser Staunen.
Nicht nur unsere Technik – sondern unsere Sehnsucht.

Die Frage „Warum bin ich?" ist keine Schwäche. Sie ist ein Zeichen von Tiefe. Vielleicht ist sie sogar das Göttlichste in uns – weil sie nicht aufhört zu klingen. Weil sie uns über uns selbst hinausweist. Weil sie uns berührt, wenn wir still werden.

Ich danke allen, die diese Gedanken begleitet, gespiegelt, herausgefordert und mitgetragen haben – in Gesprächen, in Zweifeln,

in Stille. Und ganz besonders Dir, liebe Sara.
Dein neugieriger Blick, Deine klugen Fragen, Dein Staunen – sie
waren der Impuls, dieses Buch überhaupt zu schreiben.

Möge dieses Werk nicht die Antworten liefern –
sondern Mut machen, die richtigen Fragen zu stellen.
Und offen genug bleiben, um das Unaussprechliche mit dem

Herzen zu hören.

Glossar

„Ein Buch voller Fragen.
Doch manche Worte kehren wieder –
wie Sterne im Gedankenraum. "

1. Die Summe der Energie (Gott = 1)

Die Grundhypothese des Werkes: Alles, was existiert – sichtbar und unsichtbar, materiell und immateriell – ist Ausdruck einer einen, allumfassenden Energie. Diese Energie ist vollständig, unteilbar, schöpferisch und bewusst – sie ist GOTT.

2. Denkende Energie

Bewusstsein, das sich seiner selbst gewahr ist. Eine Form von Energie, die wahrnimmt, reflektiert, träumt, erinnert – und fragt. Die Seele, das Ich, das fühlende Wesen sind Manifestationen denkender Energie.

3. Nicht-denkende Energie

Energie ohne Selbstwahrnehmung. Sie formt Materie, wirkt in Naturgesetzen, entfaltet Gravitation, Licht, Bewegung – jedoch ohne Intention oder Bewusstsein.

4. Kosmisches Gedächtnis

Ein immaterieller Speicher aller Erfahrungen, Gedanken und Erkenntnisse. Jenseits von Raum und Zeit bewahrt es, was gedacht, gefühlt und erkannt wurde – als Teil des göttlichen Ganzen.

5. Die Frage Gottes

Der Impuls zur Schöpfung – nicht als Spiel, sondern als Suche. Eine grundlegende, schöpferische Frage, die das Universum in Bewegung setzt: *Warum bin ich?*

6. Die zwei Universen

Das Werk beschreibt ein duales Modell: ein Universum der Materie und ein gleichwertiges der Antimaterie. Beide sind Spiegel, Gegengewicht – und Ausdruck des Prinzips $0.5 + 0.5 = 1$.

7. Zeit

Nicht als lineares Kontinuum verstanden, sondern als Beobachterphänomen. Zeit entsteht dort, wo Veränderung wahrgenommen wird. Für Gott – als Summe von allem – existiert nur der Moment: das Jetzt.

8. Information

Die Verbindung zwischen Energie und Bewusstsein. Information ist das Muster in der Energie – die Struktur, die Bedeutung trägt. Sie ist nicht materiell, aber formend.

9. Der Beobachter

Nicht nur Zeuge – sondern Mitschöpfer der Wirklichkeit. In der Quantenphysik wie in der spirituellen Erfahrung beeinflusst der Beobachter das, was ist – durch seine Wahrnehmung, seine Intention, sein Sein.

10. Kollektives Bewusstsein

Ein geistiges Netzwerk, das über das individuelle Ich hinausgeht. In ihm verbinden sich Erfahrungen, Gedanken, Erinnerungen vieler Wesen – als Resonanzraum des Universums.

Zur Entstehung dieses Werkes

Dieses Werk will große Fragen neu stellen – jenseits von Dogma oder bloßer Wissensweitergabe. Es verbindet wissenschaftliche, philosophische und spirituelle Perspektiven mit einer persönlichen Sichtweise – als Einladung zum eigenen Weiterdenken.

Die hier entwickelten Gedanken sind inspiriert durch vorhandenes Wissen – aber sie sind keine Übernahme, sondern eine Neudeutung, eine Kombination, ein schöpferisches Weiterdenken. Es ist kein Wissen, das beansprucht – sondern ein Denken, das fragt.

Viele dieser Gedanken reiften über Jahre – manchmal durch ein Gespräch, manchmal durch eine Stille. Oft war es ein Gefühl, ein Bild, ein Widerspruch, der nicht losließ. Und so formte sich langsam, was nun als Buch vorliegt: eine Spurensuche nach dem Ursprung von allem, nach dem Warum hinter dem Wie.

Dieses Buch ist kein theologisches Manifest und kein rein wissenschaftliches Werk. Es ist der Versuch, Brücken zu schlagen: zwischen Wissen und Staunen, zwischen Denken und Fühlen, zwischen Wissenschaft und Seele.

Dieses Werk ist ein Dialog. Zwischen mir und dem Universum. Zwischen dir und der Frage, die vielleicht schon lange in dir lebt. Ich bin kein Prophet und kein Physiker. Aber ich bin ein Beobachter. Ein Fragender. Ein Teil des Ganzen – so wie du. Möge dieses Buch ein Impuls sein – nicht für Antworten, sondern für Fragen, die dich weitertragen.

„Denn vielleicht beginnt alles mit einer Frage.
Und vielleicht ist Gott genau das:
die Frage, die sich selbst stellt."

Quellen und weiterführende Literatur

Die in diesem Werk aufgeführten Konzepte beruhen auf einer Mischung aus wissenschaftlichen Erkenntnissen, philosophischen Überlegungen, spirituellen Deutungen und eigener gedanklicher Konstruktion. Die nachfolgende Auswahl an Quellen diente zur Inspiration, Orientierung und Ergänzung.

Literaturverzeichnis (APA 7. Auflage, alphabetisch sortiert)

1. Bibel. (n.d.). *Die Heilige Schrift.* (Symbolischer, nicht dogmatischer Kontext).

2. Buddhistische Texte & Upanishaden. (n.d.). *Sammlungen zu Energie, Wiedergeburt und Seele.*

3. Capra, F. (1975). *Das Tao der Physik.* Scherz Verlag.

4. Da Vinci, L. (n.d.). *Skizzen & Notizen.* (Zur Ästhetik und Symmetrie in Natur und Geist).

5. Einstein, A. (1915). Zur allgemeinen Relativitätstheorie. *Sitzungsberichte der Königlich Preußischen Akademie der Wissenschaften,* 778–786.

6. Greene, B. (2004). *Der Stoff, aus dem der Kosmos ist: Raum, Zeit und die Beschaffenheit der Wirklichkeit.* Siedler Verlag.

7. Hawking, S. (1988). *Eine kurze Geschichte der Zeit: Die Suche nach der Urkraft des Universums.* Rowohlt Verlag.

8. Jung, C. G. (1960). *Über das kollektive Unbewusste.* Walter Verlag.

9. Kahneman, D. (2011). *Schnelles Denken, langsames Denken.* Siedler Verlag.

10. Laotse. (2001). *Tao Te King* (G. M. Barmé, Übers.). Diederichs Verlag. (Originalarbeit ca. 6. Jh. v. Chr.)

11. Mandelbrot, B. B. (1982). *The Fractal Geometry of Nature.* W. H. Freeman and Company.

12. Max-Planck-Institut für Astrophysik. (n.d.). *Forschungsberichte zu Kosmologie, Gravitation und Quantenphysik.* Abgerufen von https://www.mpa-garching.mpg.de

13. NASA, ESA, & CERN. (n.d.). *Veröffentlichungen zu dunkler Materie, Antimaterie, Wurmlöchern und Gravitationswellen.* Abgerufen von https://www.nasa.gov, https://www.esa.int, https://home.cern

14. Penrose, R. (2010). *Zyklen der Zeit: Eine neue ungewöhnliche Sicht des Universums.* Piper Verlag.

15. Planck, M. (1901). Über das Gesetz der Energieverteilung im Normalspektrum. *Annalen der Physik,* 4(3), 553–563.

16. Rovelli, C. (2018). *Die Ordnung der Zeit.* Rowohlt Verlag.

17. Sheldrake, R. (1981). *A New Science of Life: The Hypothesis of Morphic Resonance.* Blond & Briggs.

18. Stevenson, I. (1997). *Reincarnation and Biology: A Contribution to the Etiology of Birthmarks and Birth Defects.* Praeger Publishers.

19. Tolle, E. (1997). *Jetzt! Die Kraft der Gegenwart.* Kamphausen Verlag.

20. Wilber, K. (2000). *Eine kurze Geschichte des Kosmos: Vom Urknall bis zur Erleuchtung.* Fischer Taschenbuch Verlag.

21. Persönliche Erfahrungen, Gespräche und spirituelle Deutungen aus der Reflexion des Autors.

📌 *Hinweis:*
Dieses Werk erhebt **keinen Anspruch auf Vollständigkeit oder wissenschaftliche Endgültigkeit**, sondern soll als **Impulsgeber für eigenständiges Denken** dienen. Viele der Thesen sind spekulativ, bewusst offen und als Verbindung von Wissenschaft, Philosophie und persönlicher Intuition gedacht.

Über den Autor

Kurt H Schweizer wurde in der Schweiz geboren und lebt heute in Spanien.
Er ist Beobachter, Fragender und Brückenbauer zwischen Welten.

In seinem Denken verbindet sich wissenschaftliche Neugier mit spiritueller Tiefe – nicht im Sinne einer Antwortsuche, sondern im Vertrauen darauf, dass im **Fragen selbst das Göttliche liegt.**

Sein erstes Werk *„WIE LAUTET DIE FRAGE?"* ist keine Lehre, kein Dogma – sondern ein Denkraum zwischen Energie und Bewusstsein, Physik und Poesie, Gott und Gleichung.